Lasst euer Licht leuchten!

Rückblicke in die Zukunft der Kirche

Gespräche mit Kardinal Dom Aloísio Lorscheider

Bibliografische Information der Deutschen Bibliothek:
Die Deutsche Nationalbibliothek verzeichnet diese Publikation
in der Deutschen Nationalbibliografie; detaillierte bibliografische
Daten sind im Internet über <http://dnb.ddb.de> abrufbar.

Originaltitel: Mantenham as lâmpadas acesas. Revisitando o caminho, recriando a caminhada, Carlo Tursi e Geraldo Frencken (organizadores), Editora da Universidade Federal do Ceará, UFC, Fortaleza 2008

Übersetzung aus dem Portugiesischen: Conrad Berning

Umschlaggestaltung: Michael Ramminger

Titelbild: Luís Henrique Alves Pinto – 1967 geboren in Itanhandu, Brasilien; Philosoph, Theologe und Exeget; arbeitet für die Basisgemeinden und das CEBI (Zentrum für biblische Studien). Die Titelillustration entstand im Oktober 2015 in Mexiko im Kontext des *II. Kontinentalen Kongresses für Theologie*. Wir danken dem Künstler und Amerindia für die Veröffentlichungsrechte.

Foto Aloísio Lorscheider, KNA (S. 6 und 116)

Satz und Lektorat: Ludger Buse

Druck: Books on Demand GmbH, Norderstedt

ISBN 978-3-9816982-1-3

Internet: http://www.itpol.de
E-Mail: kontakt@itpol.de
Besuchen Sie uns auch bei facebook und twitter.

Lasst euer Licht leuchten!

Rückblicke in die Zukunft der Kirche

Gespräche mit Kardinal Dom Aloísio Lorscheider

Edition ITP-Kompass, Bd. 18

Münster 2015

Inhalt

Biografie

Leo Arlindo Lorscheider, Sohn der deutschen Einwanderer Joseph und Veronica Lorscheider, wurde am 08.10.1924 in Estrela (Rio Grande do Sul/Brasilien) geboren. Mit neun Jahren trat er in das Seminar der Franziskaner von Taquari ein und erhielt dort seine Schulbildung. Danach studierte er in Divinó polis katholische Theologie und Philosophie.

Am 01.12.1942 wurde er als Novize der Franziskaner aufgenommen und hieß fortan Aloísio. Am 22.08.1946 legte er die Feierliche Profess ab. Am 22.08.1948 empfing er das Sakrament der Priesterweihe. Dann unterrichtete Lorscheider zwei Jahre lang Mathematik, Deutsch und Latein am Seminar von Taquiri. Von seinem Vorgesetzten nach Rom an die Päpstliche Universität Antonianum (Pontificio Ateneo Antonianum) entsandt, schloss Lorscheider das Studium der Katholischen Theologie 1952 mit einer Promotion ab. Zurück in Brasilien, lehrte er bis 1958 am Seminar der Franziskaner in Divinópolis und veröffentlichte zahlreiche Essays und Fachaufsätze. Von 1958 bis 1962 war er Dozent an der Päpstlichen Universität Antonianum in Rom, wo er auch die Betreuung mehrerer katholischer Jugendverbände übernahm.

1962 wurde er von Papst Johannes XXIII. zum Bischof des Bistums Santo Ângelo (Rio Grande do Sul) ernannt. Am 03.02.1962 empfing er durch Alfredo Vicente Kardinal Scherer sowie die Mitkonsekratoren Bischof Benedito Zorzi und Bischof Luiz Felipe de Nadal die Bischofsweihe. 1973 wurde er von Papst Paul VI. zum Erzbischof des Bistums Fortaleza ernannt, das er bis 1995 leitete, und am 24.04.1976 in das Kardinalskollegium aufgenommen.

Lorscheider nahm als Konzilsvater an allen vier Sitzungsperioden des Zweiten Vatikanischen Konzils teil (1962–1965). Schon bald danach machte er sich als Generalsekretär (1968–1971) und Vorsitzender (1971–1978) der Nationalkonferenz der brasilianischen Bischöfe (CNBB) sowie als Vorsitzender der lateinamerikanischen Bischofskonferenz (CELAM, 1976–1979) einen Namen, brachte sich aktiv in die 2. Generalversammlung der lateinamerikanischen Bischöfe in Medellín (1968) ein, führte den Vorsitz der 3. Generalversammlung in Puebla (1979) und nahm als Kardinal an der 4. Generalversammlung in Santo Domingo (1992) teil.

Dom Aloísio Lorscheider starb nach langer Krankheit am 23.12.2007 in Porto Alegre.

Vorwort

Warum veröffentlicht das *Institut für Theologie und Politik* heute ein Buch mit Interviews und Texten von und über Dom Aloísio Lorscheider, einem bereits vor acht Jahren verstorbenen brasilianischen Bischof der Generation des Zweiten Vatikanischen Konzils und des in diesem Umfeld geschlossenen Katakombenpakts?[1] Ist das nicht alles bereits Geschichte?

Versteht man Geschichte als Abgegoltenes, vermutet man in ihr keine *gefährliche Erinnerung* mehr und versteht vielleicht sogar den gegenwärtigen Stand der Auseinandersetzungen um eine *moderne, liberale Kirche* als unüberbietbar, dann mag man wohl zu solch einem Urteil kommen. Wir sind in der Diskussion über die Zukunft von Kirche und Gesellschaft heute oft allzu sehr von uns selbst, vom Stand unserer Erkenntnisse, ihrer scheinbaren Plausibilität und Unüberbietbarkeit überzeugt. Diese Sicht jedoch wird beim nachdenklichen Lesen der biografischen Notizen und theologischen Überlegungen von Dom Aloísio Lorscheider erschüttert. Als junger Mann und Bischof nahm Lorscheider am Zweiten Vatikanischen Konzil teil und gestaltete später maßgeblich dessen lateinamerikanische Fortführung mit: die Bischofsversammlung von Medellín, wo auch sein gewichtiger Gegenspieler, Lopéz Trujillo, jener erzkonservative Erneuerungsverhinderer aus Mexiko, auf den Plan trat. Als Vorsitzender der Brasilianischen Bischofskonferenz und Ortsbischof von Fortaleza verlieh Lorscheider der Kirche ein menschliches Antlitz. Sein theologisch-politisches Denken und Tun drehte sich dabei um zentrale Anliegen wie Dialog, Gemeinschaft und Partizipation (Teilhabe):

> Die Kirche muss immer offen sein für alle. Und das Schlüsselwort dafür heißt *Dialog*. … Für mich sind *Gemeinschaft* und *Partizipation* Schlüsselbegriffe. Letzterer will sagen, dass sich alle Katholiken als Kirche verstehen und an ihr teilnehmen wollen und können. Doch dieses Kirche-Sein bedeutet nicht, sich nach innen zu kehren, sondern nach außen. Es bedeutet ein Herausgehen aus den eigenen vier Wänden. Diese Partizipation ist mehr ein missionarisches Verständnis von Kirche. Wenn nicht dieser Geist der *Öffnung zur Welt* hin vorherrscht, schmieden wir ein kaltes Eisen. Und unter *Gemeinschaft* ist sowohl *Solidarität* als auch *Subsidiarität* zu verstehen.

---

[1] Siehe den Abdruck des Katakombenpakts im IV. Teil dieses Buches (S. 176ff.).

Im vorliegenden Buch geht es nicht so sehr um Lorscheiders persönliche Biografie, sondern in erster Linie um sein bleibendes theologisch-politisches Vermächtnis – vorausgesetzt, man glaubt daran, aus der Geschichte lernen zu können. Lorscheider stand und steht für eine, wie er es nannte, nicht einfach *evangeliengemäße,* sondern *prophetische Kirche,* die der „Option für die Armen und der Befreiung des unterdrückten Volkes verpflichtet" ist: „Wir müssen Ankläger ungerechter Strukturen sein, nicht nur Verkünder der Frohen Botschaft." Kampf gegen Unrecht, egal ob strukturell oder individuell, mit Blick auf den utopischen Horizont des Reiches Gottes – das verstand er als Zentrum christlichen Glaubens: „Das Dringlichste für uns ist, die menschliche Würde zu verteidigen und die fundamentalen Menschenrechte in Lateinamerika zu proklamieren." Wenn sich die Kirche allerdings engagiert, muss sie laut Lorscheider

> die Frage der politischen Parteien prüfen. Im Grunde liegt das Problem in der repräsentativen Demokratie. Sie beschert uns bittere Pillen, die wir zu schlucken haben. Auch wenn wir noch so starken Druck ausüben, kommen wir aber aus bestimmten Sackgassen nicht heraus. Wir müssen auf eine partizipierende Demokratie hinarbeiten. Es sollte zum Beispiel mehr Volksabstimmungen geben: Das Volk weiß, was es will. Das repräsentative System müsste neu überdacht werden, weil wir in den Parteien die gleichen Fehler feststellen, die wir auch in unseren Institutionen gemacht haben. Wir müssen uns mehr als Schwestern und Brüder vereinen. Solidarität und Subsidiarität: Diese Prinzipien müssten wir in die Praxis umsetzen.

Einem seiner großen Widersacher in der Kirche, Josef Ratzinger, hielt Lorscheider öffentlich entgegen:

> Kardinal Ratzingers Sicht der Dinge habe ich nie verstanden, weil er die Begriffe *Befreiung* und *Heil* vergleichend nebeneinander stellte. Worte sind Worte. Ich kann ihnen diese oder jene Bedeutungen beimessen. Aber wir wollen eine Befreiung, die zugleich Heil bedeutet. Heil und Befreiung soll heißen, den Blick auf den Körper und auf die Seele zu richten.

Eine der größten Gefahren für die Kirche, die vermutlich bis heute nicht beigelegt ist, sah Lorscheider darin, dass die Kirche sich nur ad intra beschäftigt, sich ewig nur in inneren Angelegenheiten verliert, statt der Welt eine große Hoffnung, ein lebendiges Christentum zu sein. Wem müssten wir heute zuallererst Hoffnung sein? Sind wir nicht weit davon entfernt? Hoffnung für die Menschen sein zu wollen, das war sein tiefstes Anliegen. Und man liegt wohl nicht falsch, wenn man auch bei Lorscheider hier eine *gefährliche Erinnerung* vermutet, eine Erinnerung an ein

Christentum, das sich noch nicht in die Macht und die herrschende Meinung verstrickt hatte, sondern aus einem prophetischen Erbe der Hoffnung auf Gleichheit und Autonomie lebte. Heute ist die Kirche vielleicht nicht mehr in die herrschende Macht verstrickt, aber vielleicht doch noch viel unsäglicher in die herrschende Meinung. Warum sonst wird Papst Franziskus so viel Wohlwollen, aber so wenig praktische Unterstützung aus seiner Kirche zuteil? Ist er nicht doch eher ein „religiöser Idealist" (Publik-Forum) als ein ernst zu nehmender Kirchen- und Weltreformer? Traut man dem Christentum überhaupt noch etwas zu? Was für eine Kirche wollen wir überhaupt? Natürlich, eine moderne, demokratische Kirche. Lorscheider stimmt dem zu:

> Doch uns allen muss klar sein, dass es für die Kirche ein Segen wäre, wenn wirklich alles demokratischer zuginge. Ich benutze das Wort *demokratisch* nicht im Sinne von Wahlen, von Mehrheiten und Minderheiten. Darum geht es nicht, wohl aber darum, die ganze Kirche zu mobilisieren in der Weise, wie unser Herr den Menschen erneuern will. Dieser Weg wird beschritten durch Gemeinschaft und Teilhabe. Der Zentralismus in unserer heutigen Kirche muss überdacht werden. ... Es ist die Aufgabe der Kirche, Menschen zusammenzubringen, ihnen zu helfen, sich miteinander als Schwestern und Brüder zu fühlen.

Verstrickt in die herrschende Meinung – in die Ausweglosigkeit des neoliberalen Kapitalismus, in seine Kriege, seine Klimaverwüstung –, verstrickt in die klammheimliche Hoffnung, unsere Kirche an dem Ort leben zu können, den ihr der Kapitalismus zuweist – in der Bedeutungs- und Zukunftslosigkeit –: Gegen diese Verstrickungen stand das Leben von Dom Aloísio Lorscheider, stand und steht die Befreiungstheologie. Als einer seiner Wegbegleiter schreibt Pater Manfredo Araújo de Oliveira in diesem Buch:

> Dom Aloísio gelang es, unter uns das Gedächtnis an den Gott Jesu zurückzurufen, an den Gott, den uns Jesus als den Gott der Gerechtigkeit und des Friedens verkündete und der die unendliche Güte und Liebe ist.

Münster, im September 2015
Institut für Theologie und Politik
Michael Ramminger

In memoriam

Dom Aloísio Lorscheider starb nach langer Krankheit am 23. Dezember 2007. Sicher hätte er sich sehr darüber gefreut, wenn wir – *DIE GRUPPE* – ihn mit der Veröffentlichung dieser mit ihm geführten Interviews noch zu seinen Lebzeiten hätten ehren können. Ihm selbst lag eine Veröffentlichung sehr am Herzen. Nach seinem Tod kamen wir daher überein, die von uns zusammengestellten und von ihm selbst verantwortlich gezeichneten portugiesischen Texte nicht weiter redaktionell zu bearbeiten.

Wir danken Gott für die bereichernden Momente des Zusammenseins mit Kardinal Lorscheider und möchten ihm posthum mit der Veröffentlichung dieser Interviews danken.

Dom Aloísio widmete sein ganzes Leben dem Aufbau des Reiches Gottes hier auf Erden und immer im Hinblick auf die Option für die Armen. Dieses Buch legt Zeugnis darüber ab und hält die Erinnerung an ihn lebendig.

Fortaleza, 27. Dezember 2007,
der Tag, an dem Dom Aloísio beerdigt wurde.

Adeus, Dom Aloísio!
DIE GRUPPE

Vorbemerkung

Dom Aloísio Lorscheider hielt im Oktober 2004 während einer theologischen Woche im Auditorium des Seminars *da Prainha* in Fortaleza Vorträge über zentrale Gedanken und die wichtigsten Dokumente des Zweiten Vatikanischen Konzils sowie deren Einfluss auf die Entwicklung der Kirche. Durch seine Beiträge inspiriert, kam uns Seminarteilnehmern die Idee, Dom Aloísio zu ausführlichen Interviews einzuladen, um seine Gedanken, seine Erfahrungen und seine Hoffnungen in Bezug auf die lateinamerikanische nachkonziliare Kirche für die Nachwelt zu dokumentieren. Begeistert und mit großem Interesse nahm er unsere Idee und Einladung zu einer Interviewreihe auf. Sogleich vereinbarten wir Termine – zehn Sitzungen im Zeitraum 25. Januar bis 15. November 2005 –, in denen unser gemeinsames Projekt realisiert werden sollte.

Was bewegte uns als *DIE GRUPPE,* dieses Interviewprojekt mit Kardinal Aloísio Lorscheider umzusetzen?

Wer mit der katholischen Kirchengeschichte nach dem Zweiten Vatikanischen Konzil ein wenig vertraut ist, weiß, dass Dom Aloísio einer derjenigen Menschen war, der die jüngste Geschichte der lateinamerikanischen Kirche am meisten geprägt und mitgestaltet hat. Als neu geweihter junger Bischof nahm er an allen vier Sitzungsperioden des Zweiten Vatikanischen Konzils (1962–1965) in Rom teil. Schon bald danach machte er sich als Generalsekretär (1968–1971) und Vorsitzender (1971–1978) der Nationalkonferenz der brasilianischen Bischöfe (CNBB) sowie als Vorsitzender der lateinamerikanischen Bischofskonferenz (CELAM, 1976–1979) einen Namen, brachte sich aktiv in die 2. Generalversammlung der lateinamerikanischen Bischöfe in Medellín (1968) ein, führte den Vorsitz der 3. Generalversammlung in Puebla (1979) und nahm als Kardinal an der 4. Generalversammlung in Santo Domingo (1992) teil.

Nicht nur wegen dieser Titel und der damit verbundenen Aufgaben profilierte sich Dom Aloísio zu einer der Hauptfiguren der jüngsten Kirchengeschichte. Auch sein persönliches Lebenszeugnis, sein scharfer Verstand, seine Empathie für die Armen, seine klaren und überzeugenden Stellungnahmen gegen Regierungen und Militärs, sein enormer Arbeitseinsatz trotz gesundheitlicher Beeinträchtigungen, seine inspirierten und inspirierenden Predigten und Ansprachen, kurz, all das, was ihn als einen aufrichtigen Menschen auszeichnet, bewegte uns, sein beispielhaftes Leben und Wirken – ganz und gar der Kirche Christi und dem Volk Gottes gewidmet – für die gegenwärtig Lebenden und für die künftig Geborenen wachzuhalten.

Der Haupttitel des vorliegenden Buches *Lasst euer Licht leuchten!* soll uns daran erinnern, dass wir selbst den *glimmenden Docht* (Jesaja 42,1–4) einer lebendigen Kirche, die sich in die Geschichte der Menschheit einmischt und unseren Lebensweg erhellt sowie zum Licht einer vielversprechenden Zukunft und zum Salz der Erde wird, in Händen halten. Der Untertitel *Rückblicke in die Zukunft der Kirche* verweist auf das, was wir – *DIE GRUPPE* – mit dieser Veröffentlichung beabsichtigen. Einerseits sollte die Vergangenheit thematisiert werden, also ein Rückblick auf ein paar Jahrzehnte, die das Gesicht der Kirche veränderten und in deren Wandel wir eintauchen wollten. Andererseits aber war es uns ein Anliegen, all das, was Dom Aloísio uns zu sagen hatte, nicht nur als nostalgische Erinnerung an längst Vergangenes zu belassen. Dieses Vergangene muss für die Gegenwart wie auch für die Zukunft fruchtbar gemacht werden, denn im Vergangenen liegen viele inspirierende Momente, um in ständiger Erneuerung gleich einem Perpetuum mobile durch ein kreatives *aggiornamento*[2] Wege für die Zukunft umreißen und eröffnen zu können.

Die Interviews befassen sich schwerpunktmäßig mit folgenden Themenbereichen:

Biografisches zur Person „Aloísio Lorscheider“: Dieser Teil gibt Aufschluss über Dom Aloísios Wurzeln und seinen persönlichen und kirchlich-theologischen Lebensweg mit besonderem Augenmerk auf seine großen und kleinen Kurswechsel, seine Entdeckungen und sein stetes Dazulernen.

Die Kirche nach dem Zweiten Vatikanischen Konzil – Universale, kontinentale und lokale Perspektiven: In diesem Teil rufen wir das Zweite

[2] Schlüsselwort von Papst Johannes XXIII., mit dem er am 25. Januar 1959 für die katholischen Bischöfe weltweit die Einberufung des Zweiten Vatikanischen Konzils ankündigte. Er nannte diese Inspiration „Blume unerwarteten Frühlings“. Das italienische Wort *aggiornamento* bedeutet auf Deutsch: *verheutigen, aktualisieren.* Papst Johannes XXIII. wünschte eine für die moderne Welt aktualisierte Kirche.

Vatikanische Konzil und das Vermächtnis dieses geschichtsträchtigen Ereignisses für die universale Kirche, die kontinentale lateinamerikanische Kirche und die lokale Kirche unseres Bundesstaates Ceará in Erinnerung. Dom Aloísios Freunde, Vertraute und Wegbegleiter legen mit einleitenden Worten ihre Sicht der kontinentalen und lokalen Kirche dar. Darauf folgt dann zu dem jeweiligen Thema das Interview mit Dom Aloísio.

Pater José Comblin – Doktor der Theologie an der Universität Löwen (1923 in Belgien geboren, 2011 in Brasilien gestorben) – eröffnet mit seinen Betrachtungen das Kapitel *Kontinentale Perspektiven.* Fünfzig Jahre lang widmete er sich in Lateinamerika vor allem der Laienausbildung von Frauen und Männern, die nach einer neuen, gerechteren Welt als Vorwegnahme des Reiches Gottes suchen.

Pater Manfredo Araújo de Oliveira – Ordentlicher Professor der philosophischen Fakultät der Universität von Ceará, Berater der Basisgemeinden und Buchautor auf der Linie zeitgemäßer Ethik – stellt mit seinen einleitenden Worten im Kapitel *Lokale Perspektiven* Dom Aloísio vor und welche Bedeutung dieser als *Hirte* für seine Ortskirche hatte.

Im Interview mit Dom Aloísio geht es um vielfältige Themen, die die Kirche und die Zukunft der Menschheit betreffen.

Dom Aloísio Lorscheider – Anwalt der Hoffnung: In diesem Teil spricht Dom Aloísio über die Perspektiven, die er selbst für die Kirche erträumt, über seine Hoffnungen, die er hegt und die er uns in einer mutigen, von tiefem Glauben getragenen Botschaft hinterlässt. All das ist angereichert durch persönliche Lebenszeugnisse des Hirten Dom Aloísio.

Zeitzeugen und Zeugnisse: In diesem letzten, abschließenden Teil kommen Wegbegleiterinnen und Wegbegleiter Dom Aloísios zu Wort.[3] In ihren Beiträgen zu vier Schwerpunktthemen, die Dom Aloísio am Herzen lagen, berichten sie von ihren Erfahrungen und Erlebnissen aus der pastoralen Arbeit vor Ort, die maßgeblich durch Dom Aloísio beeinflusst und unterstützt wurde:

– *Ana Maria de Freitas,* Regionalrepräsentantin der Basisgemeinden von Nordosten I, promoviert über *Dom Aloísio und die Basisgemein-*

[3] Der Aktualität halber wird dieser letzte Teil vom Verlag ergänzt mit dem *Katakombenpakt,* einem Dokument, das aus dem öffentlichen Bewusstsein verloren gegangen war.

den am Religionswissenschaftlichen Institut der Erzdiözese Fortaleza.

- *Pater Marcos Passerini* ist Ordenspriester der Komboni-Missionare und Koordinator der Gefangenenseelsorge in Ceará. In seinem Beitrag hebt er die große Bedeutung Dom Aloísios für die Gefangenenpastoral hervor.
- *Tânia Maria Couto Maia* ist Exegese-Professorin am theologischen und pastoralen Institut in Fortaleza und macht ihren Master in Exegese an der Katholischen Päpstlichen Universität in Rio de Janeiro. Sie stellt uns Dom Aloísios Engagement vor, wenn es darum ging, die Vorrangstellung der Laien – Frauen und Männer – in der Kirche hervorzuheben: „Ich bezeuge, dass ich mit Dom Aloísio Kirche-Sein und Kirche-Lieben gelernt habe."
- *Wilhelmus Jacobus Absil,* Vizerektor für den Bereich Grundschulpädagogik an der Universität Fortaleza und Pädagogikdozent an der Bundesuniversität von Ceará, berichtet über Dom Aloísios Einsatz für verheiratete Priester.

Die Interviews im vorliegenden Buch wenden sich an alle, die an den seit den 1960er Jahren gegangenen Weg der Kirche glauben – ein Zeitraum, in dem die katholische Kirche sozio-politisch immer relevanter wurde und sich als eine wahrhaft spirituelle und moralische Kraft, als eine Quelle der Hoffnung und des Glaubens offenbarte. Sie wenden sich auch an all jene, die am Aufbau einer neuen, hoffnungsvollen Welt teilnehmen möchten, die das Reich Gottes vorwegnimmt. Schließlich wenden sich die Interviews auch an all jene, die in Dom Aloísio eine Quelle der Inspiration entdecken und aus ihm Glaubens- und Lebenskraft schöpfen.

Fortaleza, 1. November 2006 – der Tag aller Heiligen Frauen und Männer Gottes und der Menschen.

Antônio Cláudio Lima Guimarães
im Namen von DIE GRUPPE

I.

Biografisches zur Person „Aloísio Lorscheider"

Dom Aloísios Wurzeln

Dom Aloísio, Ihr Nachname lässt auf eine deutsche Herkunft schließen. Wie und wann kam Ihre Familie nach Brasilien?

Als Erster wanderte mein Urgroßvater mit seiner Frau und zwei Kindern nach Brasilien aus. Seine Familie stammt aus Deutschland, aus einem kleinen Dorf im Hunsrück, das damals noch zu Frankreich gehörte. Sie waren Bauern und blieben es auch hier in Brasilien. Ich selbst wurde am 8. Oktober 1924 in Rio Grande do Sul geboren, in der kleinen Stadt Estrela in Südbrasilien. Wie die meisten Kleinbauern besaßen auch meine Eltern ein Stückchen Land, das mithilfe einer Staatsanleihe günstig erworben werden konnte. Wir alle mussten mit auf dem Feld arbeiten.

Ist „Aloísio" ihr Taufname?

Nein, ich wurde auf den Namen *Leo Arlindo* getauft. *Aloísio* wurde dann mein Ordensname. Ich übernahm ihn, als ich in den Franziskanerkonvent eintrat. Ein Pater riet mir dazu, weil auch schon mein Vater und mein ältester Bruder so hießen. Ich selbst bevorzugte eigentlich den Namen *Ignácio,* nicht den von Loyola, sondern den aus Antiochien.

Zu wie vielen Kindern wuchsen Sie auf?

Wir waren neun Geschwister. Ich bin der Zweitälteste. Heute, im Jahr 2005, leben noch fünf.

War ihre Kindheit religiös geprägt? Und wenn ja, wie erlebten Sie Religiosität innerhalb Ihrer Familie?

Religiöse Unterweisung stand in unserer Familie ganz obenan. Unsere Erziehung oblag immer den vorgeschriebenen Prinzipien der katholischen Kirche. Meine Familie war sehr religiös.

Die Familie der Lorscheiders väterlicherseits war traditionell katholisch. Nur ein Beispiel, um das zu zeigen: Mein Bruder verliebte sich in ein protestantisches Mädchen, deren Familie mit uns eng befreundet war und immer noch ist. Doch mein Vater sagte: „Mein Sohn, du kannst gerne heiraten, aber nicht die! Mit einer Protestantin? Nein!" Da kann man sich vorstellen, welch katholisches Feuer in ihm brannte. Meine Mutter war – Gott sei Dank! – liberaler, und das war auch gut so. Sie glich vieles aus. Ich habe also von beiden etwas mitbekommen.

In Estrela gingen wir sonntags zur Messe und mussten dafür den Fluss Rio Taquarí überqueren, denn die Pfarrkirche gehörte schon zum Município Arroio do Meio in Rio Grande do Sul. Wir ritten auf Pferden hin und wohnten der Messe bei. Das alles war für meine Religiosität sehr entscheidend.

Meine Schulzeit an einer deutschen Grundschule war sehr gut. Da ich aber dachte, ein Priester käme nicht in die Hölle, wollte ich Priester werden und kam deshalb bereits mit neun Jahren – das war 1934 – ins Seminar.

Fiel es Ihnen schwer, schon so früh von zu Hause wegzugehen? Gab es Widerstand in Ihrer Familie?

Ich hatte nie Probleme deswegen, denn in meiner Familie war niemand dagegen. Und auch die Patres waren uns sehr gesonnen.

Dom Aloísios Seminarzeit und Ausbildung

Gab es während Ihrer Seminarzeit jemanden, der Sie besonders beeinflusste?

Ja, einige Patres. Ich überlege gerade, ob wir diese Zeit nicht aufarbeiten und die Patres in Erinnerung rufen sollten, die besonders gut waren. Einer von ihnen hatte sehr großen Einfluss auf mich. Als Spiritual beeinflusste er unser Leben sehr. Auch gab es gute franziskanische Laienbrüder. Franziskaner beten viel – und das machte großen Eindruck auf uns Kinder. Ihr Beispiel war uns Ansporn.

Welche Art von Seminarerziehung gab es damals? Wie sah sie aus?

Damals gab es Vorbereitungskurse. Ich machte noch eine Aufnahmeprüfung fürs Gymnasium. Im Vordergrund stand dort das Sprachstudium: Griechisch, Latein, Französisch, Deutsch, und in den Naturwissenschaften Mathematik (Algebra und Geometrie) und Physik. Vormittags fand der Unterricht statt, und nachmittags war Zeit für Studium und Spiele.

Ich betrachte meine Grundausbildung als sehr gut, viel besser als die philosophisch-theologische, denn die war nur mittelmäßig. Unsere Erzieher legten besonders großen Wert auf die spirituelle Ausbildung: Bibellesung, Predigten und Exerzitien. Im Großen und Ganzen hatten wir also eine sehr gute, umfassende Ausbildung. Dann kamen das Noviziat und danach das Studium der Philosophie und Theologie. Das Noviziat wurde sehr ernst geführt. Da gab es nur eine Stunde Freizeit; ansonsten übten wir uns den ganzen Tag in absolutem Stillschweigen. Im Konvent gab es morgens Unterweisungen, und nachmittags kam körperliche Arbeit hinzu, vor allem Putzen und Sauberhalten des Konvents und der Toiletten. Und weil früher die eigene Wasserquelle des Konvents versiegte, mussten wir Wasser aus einem kleinen Dorf herbeischleppen. Täglich machten wir uns daher mit Blechbüchsen auf den Weg. Sogar den Weg vom Konvent zum Dorf hatten wir selbst angelegt. Außerdem mussten wir nach den Mahlzeiten immer das Geschirr spülen. All diese Arbeiten mussten von uns Novizen ausgeführt werden.

Wie wurden die Freistunden gestaltet?

Ich komme noch aus einer anderen Zeit. Unser Seminar war sehr verschlossen. Wir verbrachten dort das ganze Jahr. Die ersten Ferien, die ich bekam, dauerten drei Wochen. Wir lebten isoliert und distanziert. Das war nicht wie heute, wo die Seminaristen Kontakt mit den Menschen haben und bereits pastorale Aufgaben übernehmen und frei sind, um nahe am Volk zu leben. Öffentliche Theaterbesuche gab es gar nicht. Wir machten unsere eigenen Aufführungen innerhalb des Seminars. Nur ein einziges Mal besuchten wir ein Theaterstück, und zwar in der Hauptstadt Porto Alegre. Es war 1935 anlässlich der Einhundert-Jahr-Feier des Staatstheaters *Farroupilha.* Kino? Das gab es für uns nicht! Als ich später Frater war, gab es für uns in Divinópolis schon mal eine Kinovorführung, aber niemals mit dem Volk zusammen. Fernsehen? Das gab es noch nicht. Es kam erst sehr viel später. Radio? Ja, da durften wir sonntags eine halbe Stunde lang ein katholisches Programm hören. Im Konvent in Divinópolis durften wir privat kein Radio besitzen. Als 1948 in Porto Alegre ein eucharistischer Kongress stattfand, durften wir eine halbe Stunde hineinhören mit einem aus der Stadt geliehenen Radio. Auch sonst gab es noch viele Auflagen. Sport? Ich selbst spielte immer gerne Fußball und Volleyball. Beim Fußball war ich immer Verteidiger. Basketball gab es im Seminar noch nicht. Ich selbst hätte gerne Tennis gespielt, aber auch das gab es nicht.

Sie bezeichneten Ihre Grundausbildung als sehr gut, besser als die philosophische und theologische. Trotzdem unsere Frage: Was war das Markanteste in Ihrem Theologiestudium?

Zu meiner Zeit kam damals die große Enzyklika von Papst Pius XII. heraus: *Mystici corporis Christi.* Es war während des Krieges, genauer gesagt am 29. Juni 1943. Darin ging es um den mystischen Leib Christi. Wir hatten einen Professor, der uns zu diesem Thema vieles erklärte. Später habe ich meine Doktorarbeit auf diese Enzyklika gestützt und alles in mich eingesogen. Unsere Philosophieprofessoren waren schwach. Deshalb holte ich einiges später aus eigenem Interesse nach. In der Theologie dagegen hatten wir gute Lehrer. Einige hatten ihre theologischen Studien in Löwen und Münster absolviert. Wir hatten auch gute Dogmatik- und Geschichtsprofessoren. Viel gegeben haben mir drei Studienjahre in Rom. Ich war sehr schüchtern, als ich dort ankam. Ich musste mich in Latein ausdrücken und schreiben. Das *Antonianum* – das ist das Theologische Institut für Brasiliens Franziskanerpriester in Rom – hatte großen Einfluss auf mich. Ich liebte das Studium dort im Seminar sehr. Selbst in den freien Stunden habe ich immer gelernt. Ich las auch sehr gerne. Während der Universitätsstudien liebte ich den Ideenaustausch. Gute Professoren halfen mir auf diesem Weg.

Seit wann haben Sie sich für das franziskanische Ideal begeistert?

Interessanterweise waren es mehr die Jesuiten, die immer schon mit meiner Familie verbunden waren. Der Diözesanklerus zu damaliger Zeit war ziemlich verschlossen. Eines Tages erschien ein sehr fröhlicher Franziskaner. Der hat mich *verzaubert.* Er war sehr sympathisch und volksnah. Im kleinen Seminar sprachen die Franziskanerbrüder oft über das Leben des Heiligen Franziskus und seine Ideale. Ich hörte auch viel über das Leben in Armut. So übernahm ich nach und nach die franziskanischen Ideale, die dann im Noviziat und in der Zeit danach gestärkt wurden.

Hat sich das franziskanische Charisma der damaligen Seminarzeit im Gegensatz zu heute stark geändert?

Ja, das hat es, zum besseren hin. Zu meiner Zeit gab es viel Armut, auch in meinem Elternhaus. Und auch heute noch lebe ich arm. Nichts von dem, was ich besitze, gehört mir. Alles gehört dem Orden. Heute wird mehr und mehr das Zusammenleben in Nächstenliebe gefordert, was immer dringlicher wird.
Ein anderer Aspekt ist die Evangelisierung. Wir entdeckten neu, was der Heilige Franziskus uns lehrte. Die Regel der Minderbrüder: Wir müssen zurück zum Evangelium unseres Herrn Jesus Christus.
Positiv sehe ich heute auch die ständige Weiterbildung. Um besser den Heiligen Franziskus verstehen und seine Ideale in unser Leben übernehmen zu können, finden regelmäßig Begegnungen zum Thema *Franziskanisches Leben* statt.

Wie wichtig ist für Sie ihre franziskanische Herkunft?

Zunächst möchte ich betonen, dass der Heilige Franziskus sich mit Blick auf die Ökologie, also auf die Umweltthematik, sehr stark hervorgetan hat. Vor etwa zehn, zwölf Jahren startete die CNBB unter dem Motto *Hüte, was uns allen gehört!* eine Fastenaktion. Sie stand ganz im Zeichen des Heiligen Franziskus. Wir alle kennen den wunderbaren *Sonnengesang.* Für den Heiligen Franziskus ist alles Eigentum von Gott gegeben. Ihm, der alles erschuf, gehört alles.

An zweiter Stelle können wir die Maxime des Heiligen Franziskus als ein Vermächtnis im Dokument der 3. Generalversammlung der lateinamerikanischen Bischöfe (1979) von Puebla ansehen, wo es heißt: „Wir müssen ein einfaches, bescheidenes und armes Leben führen." Das ist für unsere Tage von ganz besonderer Bedeutung. Wir leben in einer Welt großen Konsums, was ein großes Übel ist und auf einer schlechten Philosophie beruht. Die Armen stehen sabbernd vor den Schaufenstern und prall gefüllten Regalen riesiger Shoppingzentren.

Als Drittes beobachte ich das Vermächtnis der großen Vorrangstellung des Gebetes, das durch den Heiligen Franziskus so sehr in den Vordergrund gerückt worden ist. In einer franziskanischen Evangelisierung muss alles Hand in Hand mit dem persönlichen Gebet gehen. Darauf müssen wir bestehen.

Haben Sie in Ihrem Leben irgendwann eine Berufskrise durchmachen müssen, Überlegungen zu Änderungen angestellt oder Zweifel gehabt, die Sie aus dem Gleichgewicht brachten?

Ehrlich gesagt, ich habe nie eine solche Krise erlebt – weder in der Seminarzeit noch später, auch nicht nach dem Konzil, als ich bereits Bischof war. Nur in der Zeit nach dem Konzil, da kam es schon mal vor, dass ich irritiert und verunsichert war und nicht mehr verstand, wie es weitergehen soll mit der Kirche. Vieles von dem, was wir gelernt hatten, war ja auf den Kopf gestellt worden. Es kam zu einem Kurswechsel, der uns zutiefst zur Umkehr bewegte.

Gab es in der Seminarzeit die Anwesenheit von Frauen?

Damals waren die einzigen Frauen, die wir kannten, unsere Mütter,

Tanten, Schwestern und Cousinen. Ich hatte nie eine Lehrerin in meinem Leben. In den Ferien kam man nur mit Familienangehörigen in Kontakt. Selten erschienen Mädchen oder Frauen. Das war so in der damaligen Zeit. An den Universitäten gab es noch keine Frauen, die promovierten, so wie es heute der Fall ist. Etwa ab 1965 begann sich das zu ändern. Bis dahin waren Frauen unterdrückt. Es gab nicht eine Einzige, die sich öffentlich hervortat, weder als Bürgermeisterin noch als Abgeordnete, Senatorin oder Gouverneurin. Nicht einmal auf den Arbeitsstellen sah man Frauen. Selbst in der Seminarküche arbeiteten nur Laienbrüder, erst sehr viel später auch Ordensschwestern.

Dom Aloísio: Der Priester

Welche Aufgaben übernahmen Sie nach Ihrer Priesterweihe?

Seit der Seminarzeit musst du dir Gedanken machen, was du später tun willst. Nach meiner Priesterweihe am 22. August 1948 arbeitete ich zunächst im kleinen Seminar. Danach schickte man mich nach Rom, um die höheren Studien zu vervollständigen. Ich wurde ausgebildet, um zu unterrichten, und das tat ich dann insgesamt neun Jahre lang, sechs in Divinópolis und drei in Rom.

Haben diese Jahre Ihre Talente als Lehrer geweckt?

Es war schon immer meine Leidenschaft zu lehren, weil ich dadurch am besten anderen helfen konnte. Des Öfteren fragte man mich: „Wenn Sie nicht Priester geworden wären, was hätten Sie dann gemacht?“ Meine Antwort darauf: „Ich wäre sicher Lehrer geworden.“ Und einer meiner Träume war sogar, eine katholische Universität zu gründen. Dafür habe ich immer Pater Agostino Gemelli bewundert, der die *Katholische Universität vom Heiligen Herzen* in Mailand gründete. Zu lehren ist eine Berufung! Ich liebe es, Vorlesungen zu geben. Auch der CELAM hat mich sehr beeinflusst, weiter zu studieren und vieles zu vertiefen.

Sie waren immer und Sie sind auch weiterhin ein sehr aktiver Mensch. Da denkt man, solche Menschen haben eher Schwierigkeiten mit dem

Gebet, weil sie nie Zeit dafür finden. Wie leben Sie diese Spannung zwischen Aktion und Kontemplation?

In meiner Ausbildung wurde viel Wert auf die Verbindung zwischen Aktion und Kontemplation gelegt. Bei allem, was ich tat, habe ich aber nie das *Gebet* vergessen, und wenn es nur im Herzen geschah. So halte ich es auch heute noch. Wenn jemand mit mir spricht und ich spüre, wie ernst sein Problem ist, dann bete ich. Meine Erfahrung sagt mir, dass die Antwort besser wird, wenn man betet, weil es doch der Heilige Geist ist, der inspiriert. Nie habe ich das *Stundengebet* vernachlässigt. Und selbst wenn ich sehr müde bin, bete ich dennoch immer die *Vesper* und die *Komplet,* ebenso den *Rosenkranz.* Auch *Stoßgebete* sind mir sehr wichtig, weil sie dem, was du gerade tust, Sinn geben. Wichtig sind nicht die Gebete, die in Büchern geschrieben stehen, sondern die, die aus deinem Herzen kommen! Das Gebet lehrt uns, weniger egoistisch zu sein, denn Gebet bedeutet Verpflichtung, nicht nur zu mir selbst, sondern auch zu den anderen. Die beiden Gebote: Gott zu lieben und den Nächsten zu lieben, gehören eng zusammen, und das muss sich im Gebet widerspiegeln. Wie oft stehst du vor nicht lösbaren Problemen! Im Gebet kommen Antworten. Wir müssen Arbeit mit Gebet verbinden, weil wir zum Dienst, zum Wohlwollen den anderen gegenüber berufen sind.

Viele Gebete werden gesprochen im Sinne von „do ut des" – „Ich gebe, damit du gibst". Wie denken Sie etwa über die Sitte der Segnung von Fahrzeugen, Fußballvereinen, Banken ... oder über Kirchensteuergelder für Heilige Messen? Sind das nicht Formen der Simonie?

Messen zu halten, um Geld einzunehmen, ist reine Simonie, weil mich diese Messen zu nichts verpflichten. Nur das Alte Testament spricht über den Zehnt, während darüber im Neuen Testament nichts geschrieben steht. Dort heißt es lediglich: „Der Arbeiter ist seines Lohnes würdig!" Was die Kirchensteuer betrifft, laufen wir Gefahr, auf das Boot unserer Brüder und Schwestern anderer christlicher Kirchen aufzuspringen, für die diese Steuer das wichtigste Gebot Gottes überhaupt ist. Dieses Boot aber ist leckgeschlagen. Das Gleichnis von der Witwe (Lukas 18,1–8) lehrt uns, dass jeder nach seinem Vermögen einen Beitrag leisten soll. Bei Einkehrtagen mit Klerikern spreche ich sehr viel über diese Thematik. Wie steht es um unseren Glauben an die göttliche Vorsehung? Unser Herr lässt es uns an nichts fehlen! Die übertriebene Sorge um Geld, dieses Sich-Klammern an Geld, ist ein großes Übel für das Priester-Sein!

Als Sie Priester waren, sah die religiöse Welt und die Kirche noch anders aus. Was war damals positiv, das bis heute geblieben ist?

Was uns damals geboten wurde, war eine gute humanistische Ausbildung. Auch die Katechese war gut aufgestellt. Und was die Bibel angeht, so kannten wir sie von vielen Geschichten her. Positiv sehe ich, dass eine gewisse Lebensdisziplin vorherrschte, gewisse vorgegebene Regeln, die nicht allzu sehr einengten. Ein positives Phänomen für mich waren auch die Gruppen der *Katholischen Aktion*[4] und das Aufkeimen einer sozialen Bewegung mit einer Sozialpastoral, die durch die Enzyklika *Rerum Novarum*[5] inspiriert wurde. Ich habe den Eindruck, dass es damals weniger Individualismus, ein Sich-Abschotten und Verschließen und weniger Egoismus unter den Menschen gab. Die Gastfreundschaft war größer. Auf Einkehrtagen mit Priestern habe ich immer gesagt, wie wichtig es ist, gastfreundlich und nahe beim Volk zu sein, ein Lächeln, eine Geste des Wohlwollens zu schenken, höflich zu sein. Das alles ist viel wichtiger als eine schöne Predigt. Gott sei Dank erlebe ich auch heute noch viele Priester, die sich um all das bemühen, zum Beispiel wenn sie zu Beginn und am Ende des Gottesdienstes die Menschen an der Kirchentür persönlich begrüßen.

---

[4] Pastorale Bewegung, von Pius XI. 1922 ins Leben gerufen, in der die katholischen Laien ausdrücklich für die Evangelisierung der Welt Verantwortung übernehmen. Daraus gingen in Brasilien Bewegungen hervor wie die *JOC* (katholische Arbeiterbewegung) und *JEC* (katholische Studentenbewegung).

[5] Enzyklika Leos XIII. vom 15. Mai 1891. Darin geht es um soziale Probleme in der Welt der Arbeiter. Die Enzyklika wurde zur Grundlage vieler Fragestellungen und der Ausarbeitung einer Arbeitsgesetzgebung in verschiedenen Ländern.

Dom Aloísio: Der Bischof

Franziskaner zu sein und sich der Armut zu verpflichten, wie ist das mit dem Bischofsamt vereinbar? Ist das Amt nicht hinderlich?

Nein, das Amt ist nicht hinderlich. Es hilft! Nur muss ich mich ein bisschen disziplinieren. Nein, nein, es hindert wirklich nicht.

Du kannst ein einfaches, schlichtes Leben führen. Heute ist das allgemein in Brasilien sehr gut. Ein Beispiel: Ich war zu einem Besuch in Amazonien eingeladen. Der Bischof dort lebte in einem sehr schlichten Haus. In der Tat muss der Bischof so wie sein Volk leben. Heute ist das alles nicht mehr so kompliziert. Es sind nur noch wenige, die sich etwas zu viel schmücken! Die Leute meinen aber immer, dass man sich weiß Gott wie schmücken muss! Und dann das ganze Drumherum mit dem Kardinaltitel! Seine einzige besondere Funktion, falls der Kardinal noch keine achtzig ist, besteht in der Möglichkeit, an einer Papstwahl teilzunehmen! Weiter nichts! Meiner Meinung nach müsste sich der Heilige Stuhl ernsthaft fragen, ob nicht die Stunde gekommen ist, das Kardinalskollegium abzuschaffen, weil es sinnlos geworden ist. Denn heute haben wir Bischofskonferenzen und deren Vorsitzende: Das wären die Männer, die den Papst wählen sollten!

Als Sie gefragt wurden, am Episkopat teilzunehmen, haben Sie da das franziskanische Ideal bewusst oder mehr unbewusst weitergetragen?

Mehr unbewusst, wirklich. Ich ging zu meinem Vorgesetzten, der mich spirituell begleitet hatte, und der sagte mir: „Gib mir einen Tag zum Nachdenken!“ Tags darauf ließ er mich zu sich kommen und teilte mir mit: „Du solltest annehmen!“ Ich konnte mit dem Begriff Bischof nichts verbinden, denn unsere Kontakte zu Bischöfen waren gleich null. Wir kannten sie nur aus der Ferne. Hin und wieder war mal einer zu Gast dort in unserem Haus, wie etwa Dom Serafim aus Diamantina. Der war einmal bei uns und redete sogar mit uns. Das war etwas ganz Seltenes! Als ich am 20. Mai 1962 zum Bischof geweiht wurde, hatte ich nur wenig Ahnung von dem Ganzen. Ich lernte dann dazu. Ich erinnere mich noch, dass man mir am Weihetag ein Geldgeschenk überreichte. Ich fragte: „Wozu das Geld?“ Ich wusste damit nichts anzufangen und konnte mich auch nie damit anfreunden, denn ich hatte nie etwas mit Geld zu tun. Es zieht mich einfach nicht an. Zu einer meiner Schwestern, die bei mir war, sagte ich: „Anita, was mache ich mit diesem Geld?“ Als mir ein Priester als Sekretär zur Seite gestellt wurde, vertraute ich ihm dieses Geld an. Er wurde mein Schatzmeister. So war das. Ich hatte keinerlei Vorbereitung diesbezüglich. Bei einer anderen Gelegenheit hatte ich alle Priester zusammengerufen und bat sie um ihre Meinung. Als sich alle geäußert hatten, war ich völlig verwirrt und wusste nicht, was nun zu tun sei. So etwas war mir noch nie passiert. So blieb ich stumm, doch die Priester waren überaus glücklich: Nie hatte ein Bischof je um ihre Meinung gebeten und sich für ihre Wünsche interessiert!

Ich habe jedenfalls nicht darauf gewartet, Bischof zu werden. Bis zu dem Zeitpunkt war ich Vorgesetzter der Studenten. Es war nicht ganz leicht, aber im Grunde tat ich es gerne, weil ich es mit Priestern und Studenten aus der ganzen Welt zu tun hatte. Diese Kontakte liebte ich.

Hätten Sie die Einladung zum Bischofsamt nicht angenommen, was glauben Sie, wäre dann?

Was dann wäre, weiß ich nicht. Ich weiß nur, und so sehe ich es rückblickend, dass ich viel gelernt habe, vor allem was es bedeutet, Kirche zu sein. Ohne die Möglichkeit, so viele Kontakte zu unterschiedlichen Persönlichkeiten und spirituell reifen Menschen gehabt zu haben, wäre ich sicher nicht Bischof geworden. Diese Kontakte waren mir eine sehr große Hilfe. Wäre ich aber im Franziskanerorden geblieben, weiß ich nicht, was dann geworden wäre. Vielleicht wäre ich jetzt in einem anderen Konvent. Will sagen: Bischof zu sein kann schwer, manchmal sogar ein Kreuz sein, weil du zu vielen Menschen Kontakt hast und lernen musst, damit umzugehen. Ich hatte nie fertige Pläne. Damit fing ich erst an, als ich 1962 Bischof wurde. Das erste Dokument pastoraler Planung, das ich kennenlernte und womit ich mich direkt beschäftigte, war der auf ausdrücklichen Wunsch Papst Johannes XXIII. von der CNBB 1962 ausgearbeitete und herausgegebene *Plano de Emergência* (Dringlichkeitsplan). Der ist sehr interessant! Er zielte darauf, die Erneuerung der Kirche im Sinne kleiner Gemeinschaften, Kommunitäten, zu überdenken und in Angriff zu nehmen.

Ihr Leben als Bischof war hektisch, voller Opfer, voller Planungen, Berichte, Versammlungen ... Hatten Sie nie den Wunsch, Theologie zu lehren und zu forschen? Wollten Sie nie ein Buch schreiben?

Letzteres wollte ich immer, bis heute. Derzeit bekomme ich viele Einladungen zu Vorträgen, Firmungen und Einkehrtagen. Mein ganzes Leben war und ist in der Tat voller Aktivitäten. Deshalb fand ich nie die Zeit, mich hinzusetzen und Bücher zu schreiben. Was mir aber sehr half, waren die zahlreichen Berichte in der CNBB und im CELAM, die ich immer mit viel Herzblut verfasst habe.

In unserem Bundesland Ceará werden Sie von sehr vielen Menschen geliebt. Ist das Bischof-Sein für Sie persönlich ein einsames Amt oder ist es menschlich bereichernd? Fühlen Sie sich einsam? Wie pflegen Sie Freundschaften, die bis heute gehalten haben?

Ich habe nie den Kontakt zu diesen Menschen verloren. Selbst in schwierigsten Zeiten versuchte ich, gute Beziehungen aufrecht zu erhalten. In Fortaleza zum Beispiel gab es den General Milton Tavares. Der war sehr gefürchtet. Er kommandierte hier in unserer Gegend, und ich weiß nicht, warum er mich mochte. Als er von hier wegging, lud er mich ein, und in seiner Abschiedsrede nannte er mich als Einzigen mit Namen. Er betonte, sehr glücklich und zufrieden darüber zu sein, mich persönlich kennengelernt und mit mir zusammen so viele Probleme angegangen zu haben. Ich fand das sehr bezeichnend.

Damals hatte die CNBB ein Dokument herausgegeben: *Ethische Prinzipien für eine gute politische Organisation.* Wir hielten eine Generalversammlung ab, auf der es Schwierigkeiten gab, weil einige dieses Dokument zurückziehen wollten. Ich war damals Vorsitzender dieser Bischofskonferenz. Meine Taktik war Folgende: Ich schlug vor, das Dokument an verschiedene Gruppen zur Diskussion zu schicken. Allen gefiel es, und so machten wir weiter. General Milton Tavares sagte zu mir: „Dom Aloísio, das ist das beste Dokument, das ich je sah.“ So gelang uns die Verbesserung der Beziehungen zur Regierung. Als ich damals in Fortaleza ankam, hatte ich den Ruf, ein roter Bischof zu sein. Einmal ließ man mich sogar durch einen Spitzel überwachen!

Auch von Dom Miguel Câmara wurde ich sehr gut empfangen. Er hatte alles vorbereitet. Damals als Weihbischof ließ er mich wissen, dass wohl wenige Leute zu meinem Empfang kämen; ich solle nichts drum geben. Doch als ich dann am Flughafen ankam, war dort eine kaum überschaubare Menschenmenge versammelt. Fast brachte sie mich um mit so vielen Umarmungen.

Es gab natürlich auch einige Probleme, aber ich habe den Kontakt zu den Menschen nie verloren.

Sie erinnern uns an die Briefe des Heiligen Apostels Paulus, der immer am Briefende eine lange Liste von Menschen anführt, die er grüßen möchte. Haben Sie das bewusst gemacht, oder ist das Ihre Art? Was bedeutet das für Sie als Bischof und als Mensch?

Ich glaube, das ist ein Geschenk Gottes, angestrengt dafür habe mich jedenfalls nicht. Von Hause aus bin ich eher schüchtern und lebe zurückgezogen. Ich würde sogar sagen, ich bin eher *häuslich,* aber wenn die Umstände es erfordern, gehe ich auch auf die Menschen zu. Das prägt sehr. Deswegen kann ich sagen, dass ich nichts *suchte;* es war wie ein *Gnadengeschenk,* das sich mit der Zeit entwickelte. Als ich nach Ceará ging, hatte man mich vorgewarnt: „Die Lage dort ist äußerst schwierig!" Ich antwortete: „Dann ist es gut so." Dort angekommen, habe ich diese so schwierige Situation nicht vorgefunden. Mir war nicht klar, worauf sich diese Einschätzung der Lage stützte. Komisch fand ich auch, dass man mich bat, nur für fünf Jahre hierher zu kommen. Letztlich wurden es dann 22 Jahre!

Sie wurden aus dem Süden Brasiliens in den Nordosten versetzt. Die Religiosität des Volkes ist hier eine völlig andere. War das für Sie schwer, oder bereicherte es Sie als Mann des Glaubens?

Was die andere Kultur angeht, hatte ich mir anfangs Sorgen gemacht. Es war Dom Miguel Câmara, der mir sehr zur Seite stand. Ich war ihm dafür immer sehr dankbar und fühlte mich freundschaftlich mit ihm verbunden. Neben ihm gab es noch jemanden, der mir ebenso helfend zur Seite stand: Dom Edmilson Cruz. Mit der Zeit erlernte ich sogar die Sprache dieser Region, die ich vorher nicht kannte. Anfangs hatte ich große Schwierigkeiten, sie zu verstehen, doch dann bat ich Dom Miguel Câmara und Dom Edmilson Cruz um Hilfe. Später kam mir auch noch Dom Geraldo Nascimento zu Hilfe.

Meine Versetzung kam einem Wechsel von Tag auf Nacht gleich, denn der Süden unterscheidet sich völlig vom Nordosten. Ich musste langsam dazulernen. Und so bin ich Gott für alles dankbar, weil dieser Wechsel in den Nordosten für mich sehr gut war. Was mir viel gab, waren die Basisgemeinden, die es so im Süden noch nicht gab. Bei den Kontakten zu diesen Menschen aus den Basisgemeinden brauchte ich nicht viel sprechen. Ich hörte einfach nur hin. So gestaltet sich heute der Weg der Kirche. Dieses Miteinander ist uns abhanden gekommen. Aber ich halte es für fundamental, weil wir nur so die Religiosität des Volkes kennenlernen können.

Ich reiste oft nach Aratuba, das ist ungefähr 140 km von Fortaleza entfernt. Dort lebten die Priester José Maria Cavalcante und Moacyr Cordeiro Leite. Sie wurden erbarmungslos verfolgt. Ich lernte ihre Arbeit bei einem Solidaritätsbesuch kennen, nachdem sie Morddrohungen erhalten hatten. Manchmal sagte ich zu Pater Moacyr: „Sie haben viel Geduld!“ Er hatte eine besonders glückliche Art, mit dem Volk umzugehen und das Volk zu fragen. Ich glaube, das muss die Methode sein. Das Volk muss sprechen können, ausgehend vom Wort Gottes in der Bibel. So wächst die Volksfrömmigkeit in einem sehr positiven Sinne.

In der Tat hat die Volksfrömmigkeit mit all ihren Liedern, Litaneien, mit dem tiefen Glauben und der reichen Symbolik etwas sehr Faszinierendes. Aber glauben Sie nicht, dass gleichzeitig auch diese Art der Religiosität ein Stolperstein sein könnte für eine Kirche, die doch ein anderes Gesicht zeigen möchte, nämlich mehr zum Sozialen, zum Politischen hin?

Ich sehe zunächst einmal mehr das Positive als das Negative und auch, dass die Herzen für Veränderungen offen sein werden. Der Heilige Geist ist allgegenwärtig im Herzen dieses Volkes. Wohin du auch gehst, triffst du immer auf Gefühle – geprägt von Respekt, Gastfreundschaft und Gebet. Das sind fundamentale Elemente des Christentums. Wenn du sie im Licht des Evangeliums entwickelst, dann wird Volksreligiosität zu einer unerschütterlichen Kraft und muss von uns in diese Richtung gefördert werden. Natürlich gibt es in der Volksfrömmigkeit auch Elemente von Aberglauben und Paternalismus. Da wird Gott als der *große Vater* gesehen, der uns, den *kleinen Kindern,* alles umsonst geben muss. Aber das Bild kann man ändern. In den Jahren, die ich in Aparecida verbrachte, lernte ich, dass die Volksfrömmigkeit sich änderte und reifte. Ich möchte einen kleinen Vergleich bringen zwischen dem Mutter-Gottes-Heiligtum von Luján in Argentinien und Aparecida in Brasilien. In Argentinien war ich erschrocken: Alle reden durcheinander und hören nicht, was der Priester sagt oder was vorgelesen wird. Im Heiligtum von Aparecida singt das Volk, es betet, es hört auf priesterlichen Rat. Unser Volk hat schon Fortschritte gemacht. Und die Volksfrömmigkeit hat dabei geholfen, weil sie selbst evangelisiert wurde. Wir müssen diese Evangelisierungsarbeit vervollkommnen, damit der Glaube der Kleinen weiter wächst.

Dom Aloísio: Der Kardinal

Hat sich an Ihrem Lebensstil etwas geändert, als Sie am 24. April 1976 Kardinal wurden?

Auf meinem Weg vom Bischof zum Kardinal änderte sich nichts. Vom Priester zum Bischof, da hat sich was geändert. *Kardinal* ist nur ein Ehrentitel, weiter nichts. Für das pastorale Wirken hat er keinerlei Bedeutung. Ich würde all diese Titel wie *Monsignore* oder *Domherr* abschaffen, denn in Wirklichkeit bedeuten sie nichts. Das Volk hat kein Verständnis dafür. Auch Erzbischof oder Metropolit: Wer versteht das schon? Ich habe in Aparecida nie mit *Erzbischof* oder *Metropolit* unterschrieben! Für das Volk wäre es übersichtlicher, gäbe es nur *Diakon, Priester, Bischof.* Fertig!

Aus welchen Gründen ernannte Papst Paul VI. Sie zum Kardinal, wo doch Fortaleza niemals Kardinalssitz war und auch künftig nicht sein wird? Und noch eine andere Frage: Stimmt es, dass im Konklave, als Johannes Paul II. gewählt wurde, auch Sie zu den Papabili gehörten?

Ich war Vorsitzender der CNBB und des CELAM. Das mag die Ernennung zum Kardinal beeinflusst haben, zumal ich der Kirche in sehr schweren Zeiten half, ihren Weg zu gehen. Papst Paul VI. machte sich gewisse Sorgen bezüglich eventueller negativer Auswirkungen des Konzils, ließ diese aber im Glauben an die Vorsehung zu. Was die zweite Frage bezüglich der Papstwahl von Johannes Paul II. angeht, gibt es nichts Haltbares an den Gerüchten um meine Papabili. Das alles ist pures Geschwätz von Journalisten.

Einige behaupten, der größte Papst des 20. Jahrhunderts sei nicht Johannes XXIII. gewesen, trotz seines Charismas und trotz allem, was er machte, sondern Paul VI., weil er den Mut hatte, die Beschlüsse des Zweiten Vatikanischen Konzils umzusetzen. Denken Sie auch so?

Ja, so denke ich auch. Beide – Papst Johannes XXIII. und Papst Paul VI. – schrieben Geschichte. Die Vorsehung brachte uns als Nachfolger von Papst Johannes XXIII. Papst Paul VI. Er war ein sehr liebenswürdiger Mensch. Ich traf in meinem Leben nie auf einen so bescheidenen und liebenswürdigen Menschen wie ihn. Du sprachst mit ihm und er hörte einfach zu, half, interessierte sich. Diesen guten Eindruck behalte ich von ihm in Erinnerung. Papst Paul VI. war ein wenig schüchtern, aber gerade wegen dieser Schüchternheit wurde er mutig. Einige Entscheidungen kamen sicherlich nicht aus seinem Herzen, aber dann entschied er und setzte es in die Praxis um. Er war fähig, die Zeichen der Zeit zu lesen. Er war wirklich ein großer Papst! Und ein anderer Papst, der groß geworden wäre, ist Johannes Paul I. Er wurde nicht noch größer, weil er nur 33 Tage als Papst lebte.

Persönliches aus dem Leben von Dom Aloísio

Dom Aloísio, gibt es irgendetwas in Ihrem Leben, das im Wege steht, das Sie als Kreuz erleben?

Defekte und Grenzen gibt es mehr als genug. Das sind die Dinge, die man spürt. Zum Beispiel, dass ich immer in der Öffentlichkeit sprechen muss. Das ist nicht leicht, auch wenn ich mich daran gewöhnt habe. Im Grunde muss ich immer mit einer gewissen Schüchternheit leben. Ich komme darüber hinweg, aber etwas bleibt immer. Auch hätte ich gerne eine gute Stimme. Wenn ich eine schöne Stimme höre, denke ich immer: Welch kostbares Geschenk! Ich habe auch nie richtig singen können. Gern wäre ich etwas musikalischer gewesen oder hätte ein Musikinstrument gespielt: Klavier, Geige, Gitarre oder sonst was. Denn eine musische Veranlagung und Ausbildung ist sehr hilfreich bei der Animation von Liturgie, bei Jugendlichen und bei Menschen allgemein. Musik ist heute mehr denn je sehr wichtig.

Wir wissen, dass Sie sehr ernste gesundheitliche Probleme mit sich tragen. Wie werden Sie mit diesem „Stachel im Fleisch", wie der Heilige Paulus sagt, fertig?

Mein Stachel im Fleisch ist ein Herzproblem. Schon seit vielen Jahren muss ich damit leben. Ich versuche zwar, mich zu schonen, aber es ist lästig, weil ich mein Herz hin und wieder stark spüre. Manchmal ist der Schmerz so groß wie damals, als man mich auf schnellstem Wege nach São Paulo zu einer Operation transportierte. Ich wurde bereits dreimal operiert, habe vier Bypässe und auch noch einen Herzschrittmacher. Letzterer wurde nach meiner Ankunft in Aparecida eingesetzt. Für mich ist dieser Herzschrittmacher ein Segen, aber er ist auch hinderlich. Hin und wieder spüre ich deswegen Schmerzen. Und dann dieser Berg von Medikamenten, die ich nehmen muss! Auch eine Lungenoperation wegen Krebs habe ich schon hinter mir. Kurzum, ich hätte gerne ein gesundes Herz. Habe es aber nicht! Also was ist zu tun? Das Boot vorwärtsbewegen und optimistisch in die Zukunft schauen! Aber ein Stachel im Fleisch ist das schon.

Zeit Ihres Lebens waren Sie immer mit Menschen aller sozialen Schichten zusammen. Spüren Sie bei all diesen Kontakten, dass Ihnen etwas leidtut – persönlich, pastoral?

Ja, ich hatte in meinem Beruf viele verschiedene Aufgaben. Und schon deshalb habe ich Fehler gemacht. Als Leiter der Studenten war ich sehr fordernd, ein wenig besserwisserisch, und das war nicht gut so. Dann wurde ich Oberer der Studenten in Rom, hatte aber inzwischen gelernt, alles mehr im Dialog anzugehen. Auch als Bischof machte ich vieles falsch. Ich war noch sehr jung, und damals gab es keine Weiterbildungen, keine Kurse, keine Versammlungen oder so. Als mich der

Apostolische Nuntius in Santo Ângelo ins Bischofsamt einführte, fragte ich ihn: „Was jetzt?" Er sagte nur: „Sie werden es schon lernen!", und war danach schnell wieder verschwunden.

Etwas anderes: In Santo Ângelo gründete ich einen Priesterrat, aber ich beriet mich nicht immer mit ihm, sondern traf manchmal meine eigenen Entscheidungen. Ich musste erst entdecken, dass ich besser handelte, wenn ich auf den Priesterrat hörte.

Ich bedaure sehr, anfangs oft mit Härte gegen Menschen vorgegangen zu sein. In Aparecida war das schon ganz anders. Man lernt im Leben ja nie aus. Was ich hier in Fortaleza gelernt habe, ist das Hinhören auf die Basisgemeinden. Hier redet das Volk mit und sagt seine Meinung. Das war sehr gut, und ich konnte dadurch vieles lernen. Im Süden, wo ich herkam, gab es noch keine Basisgemeinden, nur die vielen sogenannten Kapellen, die weit verstreut im Landesinnern lagen. Dort sprach ich Portugiesisch oder Deutsch – und fertig! Hier meldete sich das Volk im Gottesdienst nicht zu Wort.

Mein eigenes Lebenszeugnis war also nicht immer vorbildlich. Das ist ein Skandal. Ich habe Leute verärgert. Heute bedauere ich diese Fehler der Vergangenheit sehr. Sie tun mir leid.

Haben Sie noch etwas Besonderes im Sinn, etwas, das Sie noch tun möchten: ein Projekt, einen Traum?

Ich würde gerne noch ein Buch schreiben über die Spiritualität eines Diözesanpriesters. Denn es gibt kein Buch, das sich mit diesem Thema etwas tiefer befasst. Alle bleiben an der Oberfläche. Viele Priester hasten von einer Veranstaltung zur andern, weil ihnen eine solide Basis fehlt. Ein weiteres Buch würde ich gerne über die franziskanische Theologie und Spiritualität schreiben.

Ist es gut, im Ruhestand zu sein?

Das ist sehr gut! Nach so vielen Jahren bin ich mehr als glücklich darüber. Ich finde es wunderbar, weil ich mich frei fühle. Und hier in Porto Alegre in unserem Franziskanerkonvent ist das Ambiente sehr gut. Die Mitbrüder haben mich mit offenen Armen empfangen.

Denken Sie an den Tod? Wie sehen Sie ihm entgegen?

Ich sehe dem Tod sehr gelassen entgegen. Er ist ein Höhepunkt in meinem Leben. Man muss immer in dieser Haltung leben, dass unser Tod in der Tat für uns der erhabenste Gottesdienst in unserem Leben ist. Ich habe keine Angst vor ihm. Bereits mehrere Male schaute ich dem Tod in die Augen. Und schon mehrmals spendete man mir das Sakrament der Krankensalbung. Einmal sagte ein Arzt zu mir: „Dom Aloísio, sind sie gut vorbereitet? Ihre Situation ist sehr brenzlig.“ Ich antwortete: „Ich bin vorbereitet.“ Eine bedrohliche Situation ist für mich nie mit Angst verbunden gewesen, auch wenn ich wusste, ich könnte sterben. Ich fand es irgendwie aufregend, weil ich von Hause aus sehr neugierig bin. Ich will sehen, wie dieser Gott Vater, dieser Gott Sohn und dieser Gott Heiliger Geist sind. Ich bin neugierig, möchte die andere Welt kennenlernen! Jetzt lebe ich nur im Glauben. Aber von Angesicht zu Angesicht mit dem Guten Gott zu leben, wird ohne Zweifel etwas anderes sein.

II.
Die Kirche nach dem Zweiten Vatikanischen Konzil

1. Universale Perspektiven: Aggiornamento und innerkirchlicher Dialog

Die zentrale Idee dieses zweiten ökumenischen Konzils war das „aggiornamento", von dem Papst Johannes XXIII. immer wieder sprach. Inzwischen sind vier Jahrzehnte vergangen: Was ist aus den Visionen des Papstes geworden? Wie steht es um die kirchlichen Reformen, die die Konzilsdokumente für das Leben der Kirche einfordern?

Die Rede von Papst Johannes XXIII. zur Konzilseröffnung war sehr beeindruckend. Er sagte: „Wir sind hier versammelt, nicht um zu verurteilen, nicht um Definitionen zu formulieren oder zu wiederholen, was andere Konzilien bereits sagten, sondern um die Wahrheit des Glaubens offenzulegen, die heute in der Welt gelebt werden muss. Deshalb muss es eine Wahrheit für heute sein." Er legte jenen Unterschied dar zwischen dem Glaubensschatz als solchem und dessen jeweiligen geschichtlichen Formulierungen. Wir Bischöfe verkünden den Inhalt des katholischen Glaubens, müssen ihn jedoch so ausdrücken, dass die Menschen ihn auch verstehen können. Es ist eine Frage der Sprache. Es ging beim *aggiornamento* darum, die Probleme der damaligen Zeit zu erkennen sowie das Positive darin zu sehen. Das *aggiornamento* bedeutet nicht nur Aktualisierung, es sollte vielmehr ein theologisches Konzept sein: das heißt grundsätzlich, dass ich mich immer anstrengen muss, meinen Glauben in einer für die heutige Zeit verständlichen Weise auszudrücken. Es taucht bereits das Phänomen der Inkulturation auf, das später in der 4. Generalversammlung der lateinamerikanischen Bischöfe 1992 in Santo Domingo wieder aufgegriffen wurde. Papst Paul VI. bestand immer auf dieser Inkulturation.

Der Diskurs von Papst Johannes XXIII. hatte ein allgemeines Aufatmen zur Folge, denn in den uns zugeschickten Dokumenten der Vorbereitungskommissionen war noch jene alte und starke Tendenz spürbar, alle modernen Lehren zu verdammen, die angeblich den katholischen Lehren widersprachen. Diese verurteilende Haltung musste endlich ein Ende finden. Deshalb wurden dann auch bald alle vorbereiteten Vorentwürfe beiseitegeschoben. Das war sehr positiv. Man fing an, wertschätzend über das nachzudenken, was die damalige Welt an Gutem zu bieten hatte, über das, was die menschliche Person förderte, was sie mitverantwortlich machte für die menschliche Geschichte und was sie daran teilhaben ließ. All diese Werte müssen wir als katholische Christen mit unserer Sicht des Glaubens bereichern. Das war die große Absicht. Der Papst selbst sagte: „Dieses Konzil muss ein von Grund auf pastorales Konzil werden." Heute ist in Brasilien das Wort *Pastoral* in aller Munde. Das ist neu. Man begann, allen theologischen Reflektionen einen pastoralen Aspekt hinzuzufügen. Man gebrauchte eine Sprache, die die einfachen Menschen verstanden und sie in ihrem Glaubensleben bereicherte.

Ein Konzilsdokument, das großen Widerhall fand, war die Erklärung *Dignitatis Humanae* zur Religionsfreiheit. Daneben gab es noch viele andere wichtige Dokumente und Beiträge zur Ökumene. Die Kirche hatte gerade erst begonnen, über diese Themen *laut* nachzudenken. Einen ersten Schritt in diese Richtung machte 1949 das Heilige Offizium. Kardinal Béa (1881–1968) setzte sich sehr für eine Verbreitung ökumenischer Gedanken ein. Papst Johannes XXIII. lud tatsächlich einige Beobachter anderer christlicher Kirchen zur Teilnahme am Zweiten Vatikanischen Konzil ein. Das war sehr wichtig.

Die Dokumente *Dignitatis Humanae, Nostra Aetate und Unitatis Redintegratio* drücken sehr gut aus, was im Konzil gelebt und praktiziert wurde. Großes Gewicht bekam auch die pastorale Konstitution *Gaudium et spes.* Sie ist jedoch unvollkommen und müsste heute neu überarbeitet werden, sodass mögliche Aktualisierungen nicht dem Gesamttenor des Dokumentes selbst widersprechen. Sie ist ein Dokument seiner Zeit – mit ihrer anthropologischen Sicht der Dinge und mit ihrem Verständnis des Menschen im Kontrast zur marxistischen Sicht, wie sie in den 1960er Jahren vorherrschte, als die Diskurse über die sogenannte *Theologie der Welt* aufkamen, zum Beispiel die *Theologie des Kosmos* und das *Gegenüber von menschlicher Natur und Gnade*. Dieses Denken beeinflusste sehr stark das Konzil. In diesem Sinne hatte Papst Johannes XXIII. das *aggiornamento* angedacht. Es kamen Fragen auf wie beispielsweise: „Welches sind die legitimen Sehnsüchte der heutigen Menschen?“ Das brachte die Kirche dazu, sich mehr in einer der Menschheit dienenden Funktion zu verstehen, oder besser: Die Kirche ist keine perfekte, in sich geschlossene Gesellschaft, sondern zuallererst Dienerin: „Ich bin gekommen zu dienen, nicht bedient zu werden!“

Aber es scheint doch so, dass die große Mehrheit der katholischen Welt diesen Wandel noch gar nicht begriffen hat, denn die Kirche steht immer noch in großer Distanz zu den weltlichen Realitäten.

Diese Kehrtwende kann ich mir auch nicht erklären. Während des Konzils gab es eine große Begeisterung, auch wenn es eine Opposition gab, aber nur eine kleine. Die Dokumente wurden fast einstimmig angenommen. Es gab nur eine Einschränkung: Alles müsse innerhalb des Kirchenrechts von 1917/18 – das war gleichsam unser *Katechismus* – umgesetzt werden. Papst Johannes XXIII. hatte schon einen Brief an die brasilianischen Bischöfe geschrieben und um mehr pastorale Reflexion gebeten. So kam es zum *Notplan.* Es handelte sich schon damals um eine tief greifende Änderung. In den 1970er Jahren dann stachen drei Tendenzen in der Gesellschaft hervor, die Vorsicht bei einigen und ein neues Sich-Verschließen gegenüber der Welt bei anderen hervorriefen:

1. *Der Säkularismus:* eine Tendenz, die die Transzendenz ablehnt und nur das Weltliche anerkennt.
2. *Der ethische Relativismus,* der die Existenz universeller Werte leugnet: „Was heute Gültigkeit hat, gilt morgen nicht mehr. Was gestern Wert hatte, hat ihn heute nicht mehr."
3. *Die Konsumwelt:* ein Lebensmodell, das seine augenscheinliche Befriedigung im ungezügelten Konsum materieller Güter findet.

Zur Zeit des Zweiten Vatikanischen Konzils stachen all diese Tendenzen noch nicht hervor. Daher sage ich, wir müssen immer wieder alles aktualisieren! Die CNBB gibt uns, was das angeht, ein gutes Beispiel: Alle vier Jahre aktualisiert sie ihre allgemeinen Richtlinien, bekannt als *evangelisatorische Aktion.* Das wird regional etwa weitergeführt im Respekt vor der Tendenz der Inkulturation. Ganz obenan steht heute das Thema *Globalisierung.* Sie kann positiv sein, darf aber nicht die Vielfalt verneinen.

Was kann man vierzig Jahre nach dem Zweiten Vatikanischen Konzil über den Unterschied zwischen dem zu behütenden „Glaubensschatz" sagen, der unverändert bleibt, und den „aggiornamentos", die sich ändern? Müssten wir nicht einige Fragen der Dogmatik neu überdenken, wie etwa ein neues Verstehen des menschlichen Seins selbst? Müsste die Kirche nicht von den Wissenschaften lernen, etwa wie die Schöpfung, der Mensch oder das Ökosystem zu verstehen sind?

Ja, ich glaube das auch. Sie *müsste* es! Das Lehramt bezieht sich stets auf das Dogma, auf das *Sichere,* doch diese Sicherheit, diese Gewissheit schließt Entwicklung nicht aus. Sie ist mehr Anfangs- als Endpunkt. Die Wahrheit bleibt immer offen für das, was als Neues kommt. Im Konzil gab es diese zwei großen Richtungen: einerseits die Offenbarung, andererseits die geschichtliche Situation. Die Offenbarung wird sich nicht den Gegebenheiten anpassen, aber die konkreten Gegebenheiten können mir helfen, in der Offenbarung Aspekte zu entdecken, die vorher nicht bekannt waren. Hierhin gehört zum Beispiel der ganze ökumenische und interreligiöse Dialog. Da kam es zu einer positiven Wende: Vorher durfte man mit dem anderen gar nicht sprechen. Heute versuchen wir, vom anderen sogar zu lernen.

Wie hat das katholische Volk die Neuheiten des Zweiten Vatikanischen Konzils verstanden?

Allgemein wurden sie gut angenommen. In der Tat hing das viel von den jeweiligen Bischöfen ab. Ich selbst stellte in Santo Ângelo eine Dreiergruppe zusammen, die aus einem Priester, einer Nonne und einem Lehrer bestand. Ihnen stellte ich die Hauptеrrungenschaften des Konzils vor. Diese Gruppe begann dann, systematisch alle Pfarreien zu besuchen, wo alles, so gut es ging, angenommen wurde. Was ich noch hinzufügen muss, ist die Beteiligung der katholischen Laien. Der Papst fing an, zum Konzil einige Laien aus den kirchlichen Vereinigungen einzuladen. Das war eigentlich nicht das, was das Konzil wollte, denn diese kirchlichen Bewegungen haben meist ausschließlich religiösen Charakter, religiöse Ziele. Doch der Laie hat seinen eigenen Platz in der Kirche. Es dürften keine „Make-up"-Laien eingeladen werden, sondern „Laien-Laien"!

Die ökumenische Front

Man hat heute den Eindruck, der ökumenische Impuls von „Unitatis Redintegratio" sei erlahmt. Halten Sie es für richtig, dass der Heilige Stuhl im Weltrat der Kirchen keinen festen Sitz hat – mit dem Argument, das würde die katholische Kirche zu stark mit den anderen Kirchen auf eine Ebene stellen, wo doch die katholische Kirche „Mutter" und nicht „Schwester" der anderen kirchlichen Gemeinschaften sei?

Ich sehe ganz klar einen *Schwachpunkt* unserer Kirche: *die Unfähigkeit zum Dialog!* Natürlich sind viele dieser kirchlichen Gemeinschaften kleiner und haben nicht die Traditionen, die wir haben. Sie sprechen nicht gerne mit der katholischen Kirche, weil sie sich unbedeutender, nicht auf Augenhöhe fühlen. Ich denke jedoch, wir sollten keine Anstrengung scheuen, um einen Dialog, der zur Zeit ins Stocken geraten ist, wirklich wieder zustande zu bringen. Die Bischöfe sorgen sich heute allgemein um etwas, was wir als *religiösen Indifferentismus* bezeichnen. Im Grunde glaube ich, steckt unsererseits noch eine Mentalität zum Proselytismus dahinter, also ein großes Interesse an möglichst vielen Kirchenmitgliedern. Andere Kirchen sind zwar auch nicht loyal, aber wir alle sollten mehr Loyalität mitbringen, weil bei jedem Dialog Loyalität und Ehrlichkeit gefordert sind. Unsererseits mangelt es aber auch an Entgegenkommen gegenüber diesen Kirchen. Ein Beispiel: Hier in Fortaleza gab es 2004 eine Woche der Theologie. Es kamen zwei evangelische Theologen, die einen ganzen Tag lang zu uns sprachen. Man hörte ihnen zu, sie bekamen Beifall, sie wurden gut aufgenommen – und die Zuhörer waren angetan. Doch diese beiden haben einen Fehler gemacht: Sie kamen am nächsten Tag nicht wieder! Sie hätten auch da anwesend sein müssen, denn ein Dialog findet nicht einseitig statt. Sie hätten am nachfolgenden Tag Fragen stellen oder ihren Beitrag leisten können. Ich möchte damit sagen: Sie fühlen sich selbst nicht so sicher wie wir; sie haben keine ausgearbeitete Doktrin, wie wir sie haben. Wir müssen einen Weg finden, sie nicht bloßzustellen, denn Dialog zielt auf das Gegenteil: auf ein gemeinsames Wachsen.

Man hatte einen Fortschritt in den zwischenkirchlichen Beziehungen erwartet, als dann plötzlich im Jahr 2000 unter dem Einfluss Kardinal Ratzingers das Dokument „Dominus Iesus. Über die Einzigkeit und die Heilsuniversalität Jesu Christi und der Kirche“ durch die Glaubenskongregation veröffentlicht wurde. Das rief Befremden und Widerstand hervor und stand der ökumenischen Öffnung im Wege.

Innerhalb der Hierarchie der katholischen Kirche selbst gibt es im Verstehen und Fördern der Ökumene Schwierigkeiten. Ein gutes Beispiel dafür ist das Dokument *Dominus Iesus.* Es hat uns Katholiken enttäuscht. Es war nicht angebracht. Ein Dokument, außer dass es wahrhaftig sein muss, muss auch angebracht sein. Und nicht alles, was wahrhaftig ist, ist auch angebracht. Meiner Meinung nach hätte es nicht veröffentlicht werden dürfen!

Außer dass dieses Dokument nicht angebracht war, verletzte es auch den Respekt vor anderen vatikanischen Kongregationen. Denn wie zu hören war, wurde der „Päpstliche Rat zur Förderung der Einheit der Christen" nicht angehört. Beim Zweiten Vatikanischen Konzil stand doch der Dialog so sehr im Vordergrund! Wir hätten gerne, dass Sie uns noch etwas über die größten Hindernisse zum Dialog sagen.

Ja, es hat den Anschein, dass der damalige Vorsitzende des *Päpstlichen Rates zur Förderung der Einheit der Christen,* Kardinal Walter Kasper, nicht mit hinzugezogen und gefragt wurde. Die Hindernisse bestehen sowohl innerhalb der eigenen Kirche als auch außerhalb. Der Dialog müsste eine Begegnung zwischen realen, konkreten Menschen sein und auch auf ihre Zeugnisse hören. Du gibst dein Lebenszeugnis und ich das meine. Im Dialog wächst man durch das gegenseitige Lebenszeugnis zusammen. Du sagst, wie du die Sache siehst, und der andere sagt, wie er sie sieht. Das fehlt. Uns kommt es wirklich so vor, als kehre die Kirche in den letzten Jahren in die Zeit vor das Konzil zurück. Es ist nicht mehr das Konzil, es ist Vor-Konzil. Und es gibt eine Gesamttendenz auf dieser Linie. Manchmal spürt man es schon bei der Feier der Heiligen Eucharistie. Sie ist ein Prüfstein. Einige Priester kehren am Altar dem Volk wieder den Rücken zu mit der Begründung, der Priester stehe vor Gott und wende sich Gott zu; und die andere, die neue Art – die des Konzils – wäre sehr *horizontal.* Es gibt keinen wirklichen Dialog. Es müsste innerhalb der Kirche viel mehr Dialog geben!

Die theologisch-exegetische Front

Vierzig Jahre nach der Zustimmung zur historisch-kritischen Methode in der Exegese der Heiligen Schriften und kirchlichen Geschichtsdokumente hat man heute den Eindruck, als sei man zwischen Lehramt und katholischer Theologie in einer Sackgasse gelandet. Es scheint, als würden die entmythologisierenden Ergebnisse der Forschung in den päpstlichen Fakultäten toleriert. Nur in der dogmatischen Theologie und in der offiziellen Predigt und Katechese für das Kirchenvolk ist das alles noch nicht angekommen. Sehen wir das richtig? Wovor hat man eigentlich Angst? Wo liegt denn die reale Gefahr einer zeitgemäßen Exegese?

Die Antwort darauf fällt mir schwer. Doch ich denke, dass wir in der Tat mehr in die Tiefe gehen müssten. Die Studenten nehmen an Vorlesungen über Exegese teil, jedoch fehlt ihnen die Weiterbildung in der Zeit danach: als Diakon, als Priester und selbst als Bischof. Sie alle müssten sich auf der Linie der historisch-kritischen Methode weiterbilden. Das geschieht in der Tat jedoch nicht. Ich sehe darin eine Schwäche in der theologischen Bildung. Aber ich stelle fest, dass auch vonseiten der Studenten kein großer Fortschritt, kein großes Interesse besteht. Das Lehramt der Kirche selbst sieht das alles nicht mit liebevollem Blick. Natürlich ist es nicht immer einfach, diese Thematik einer breiten Bevölkerungsschicht zu vermitteln, weil alles wegen der Gefahr einer Desorientierung sehr wohl und gut erklärt werden muss. Unter unserem Volk herrscht eine Art fundamentalistischer Exegese vor, die gleiche wie bei unseren Schwestern und Brüdern in den anderen Kirchen. Viele vertreten diese Art der Bibelauslegung – und darin sehe ich die größte Schwierigkeit. Das ist ein Feld, das noch vertieft werden muss. Ein Teil des Episkopates sieht in der zeitgenössischen Exegese die Gefahr einer Aushöhlung der Heiligen Schrift. Aber ich frage mich: Höhlt man sie wirklich aus? Wenn du es gut erklärst und die entsprechenden geschichtlichen Kontexte aufzeigst, vor allem den Teil der literarischen Gattungen, dann könnte man meiner Meinung nach sehr nahe an ein besseres Verständnis der Gläubigen an die dauerhafte Sinnhaftigkeit der Heiligen Schrift herankommen. Es gibt bereits ein sehr gut ausgearbeitetes Dokument, das von der päpstlichen Bibelkommission 1993 unter dem Titel *Die Interpretation der Bibel* in der Kirche veröffentlicht wurde. Leider aber hat das Volk darüber noch nichts erfahren. Es könnte umgesetzt werden, aber es geschieht nicht. Das ist schade! In der Tat hinken wir, was dieses Thema angeht, hinterher.

Warum öffnet sich die Kirche nicht für eine volksnahe Exegese? Denn je mehr das Volk weiß, desto mehr weiß es das zu schätzen und vertieft es im eigenen Leben. Je weniger das Volk jedoch weiß, desto leichter lässt es sich von einer fundamentalistischen Exegese verleiten.

Ich glaube, jene Kontrollpraxis aus alten Zeiten hat sich heute wieder durchgesetzt und behindert die Bibelauslegung. Die Kirche hat Angst, dass etwas falsch interpretiert werden könnte. Ich persönlich glaube, diese Angst ist unbegründet, weil, wenn die Menschen etwas nicht verstehen, doch uns fragen! Es geht hier wieder um ein fundamentales Problem: den fehlenden Dialog! Solange wir als Kirche es nicht verstehen, im Dialog zu leben, haben viele Angst, exkommuniziert zu werden. Diese Angst gibt es. Was Ihr sagt, ist richtig: Je mehr jemand weiß, desto besser für uns alle. Das Volk stellt Fragen, und wir geben Antworten. Das Volk schätzt das Wort Gottes sehr hoch. Also müsste das Volk besser ausgebildet werden.

Die moralische Front

Auf keinem Gebiet des modernen menschlichen Lebens hat die katholische Doktrin der letzten Jahrzehnte so viel Kritik und Unverständnis einstecken müssen wie auf dem Gebiet der Moral, vor allem der Sexual- und Familienmoral. Die Betonung des individuellen Gewissens scheint diesbezüglich die Gemüter auseinanderzudividieren. Seit der Enzyklika „Humanae vitae" hat das kirchliche Lehramt das eigene Gewissen als letzte Entscheidungsinstanz im Leben eines Christen akzeptiert. Hat es denn vorher die gläubigen Katholiken zu einem unterwürfigen Gehorsam des Willens aufgefordert?

Persönlich glaube ich, dass wir heute auf diesem ganzen Gebiet der moralischen Fragen ein fundamentales Problem im Leben der Kirche berühren. Die Bischöfe hätten gerne ein neues Konzil oder wenigstens eine Synode, zu der sie alle eingeladen würden. Da gäbe es sicher eine große Beteiligung und kontroverse Meinungen, weil es einfach zwei Lehrmeinungen gibt: die traditionellere und eine aktuellere. Die aktuellere besteht auf das gelebte Wort Gottes im Leben eines Christen, wohingegen die andere, mehr traditionelle, sich vor allem auf die Kasuistik stützt. Die Kasuistik hat viel Einfluss, und die Mehrheit von uns wurde mit der kasuistischen Moral groß. Es gibt tausend verschiedene Fälle! Wir sind ein wenig perplex. Bis wohin führt die Frage des eigenen moralischen Gewissens? Warum betont die Kirche, man müsse objektive Kriterien haben? Was bedeutet das denn? Hier liegt die Problematik. Das Ganze müsste neu überdacht werden. Ich hätte wenig Mut, in dieses Thema vorzudringen, ohne einen tiefer gehenden Dialog mit den Moraltheologen zu führen, die sich hier spezialisiert haben. Als Papst Johannes Paul II. die Enzyklika *Veritatis splendor* veröffentlichte, gab es eigenartige Reaktionen. Die Deutschen veröffentlichten daraufhin ein Buch, das auch in Rom starke Reaktionen hervorrief. Ich denke aber, die dort beschriebenen Anmerkungen waren gut. Sie hinterfragten vor allem den Begriff *in sich schlecht* und hielten ihn für zu stark. Sie hielten auch die Enzyklika als Ganze für sehr objektivistisch: Wo bleibt die menschliche Subjektivität, die das Leben lenkt? Ich selbst glaube, dass *Veritatis splendor* ganz auf einer Linie der Fundamentalmoral liegt und viele praktische Aspekte weiterhin in der Luft hängen. Der Papst definiert, was er unter *in sich schlecht* versteht. Die Moraltheologen hingegen fragen: Was bedeutet *in sich schlecht?* Da sehe ich das große Problem. Meiner Meinung nach bewegen wir uns hier auf sehr wackligem Boden. Die Kirche müsste eigentlich eine größere Versammlung einberufen, um diese Thematik auszuleuchten. Da genügen die jährlich stattfindenden Zusammenkünfte der römischen Dikasterien nicht. Um die Probleme besser beurteilen zu können, kommen viele Elemente des realen Lebens hinzu. Nur so kannst du eine klare und konkrete Antwort finden. Ob man will oder nicht, viele Elemente der Kasuistik werden dazukommen. Ich wüsste im Moment jedenfalls keine andere Antwort. Es ist an der Zeit, dass die Kirche diese Problematik, die es allenthalben gibt, neu überdenkt: wie zum Beispiel auf dem Gebiet der Gewalt, der verhängten Strafen, ob eine lebenslange Gefangennahme sein darf oder nicht, ob die Todesstrafe verhängt werden darf oder nicht, ob die Verstümmelung eines Gliedes sein darf oder nicht … All das ist sehr problematisch! Gar nicht zu sprechen von der Sexualmoral. Die ist noch schwieriger! Die Kirche muss endlich diese Themen in einer großen Versammlung zur Sprache bringen und vertiefen.

Die Mehrheit der Bischöfe trifft Entscheidungen und ignoriert dabei völlig die wirkliche Situation von Familie und Ehe. Was kann man von einer solchen Versammlung schon erwarten!? Auf dem moralischen Gebiet gäbe es die Frage der Gerechtigkeit, der fehlenden Ethik, der fehlenden Wertschätzung der menschlichen Würde. Warum hängt die Kirche mit solchen Themen hinterher?

Ihr habt Recht. Wenn ich hier von der Einberufung einer größeren Versammlung spreche, meine ich eine Versammlung des ganzen Gottesvolkes: Bischöfe, Laien, Ordensfrauen und -männer. Ob der Heilige Stuhl damit einverstanden wäre, ist eine andere Sache. Aber unter den Bischöfen wird eine derartige Vollversammlung mit Beratern gewünscht, sogar wieder mit einer Einladung nicht-katholischer Mitglieder, die auch im Konzil als Beobachter anwesend waren. Dieser Wunsch wird immer stärker.

Wird es der Kirche gelingen, sich mit dem Thema Sexualität noch an die Menschen wenden zu können?

Wenn die Kirche in der rein traditionellen Sprache gefangen bleibt, wird sie nicht mehr gehört werden. Doch würde sie heute in der Sprache der Menschen mit Bezug auf ihre Lebensrealität sprechen, würde ihr sicher Gehör geschenkt. Ähnlich war es, als wir uns zum Zweiten Vatikanischen Konzil versammelten und uns die Frage stellten: „Was wollen wir eigentlich sagen?" Denn es gab da sehr vor-konziliare Tendenzen und andere, die aktueller waren. Das kostete etwas! Einige sagten: „Die Kirche hat immer so und so gelehrt. Wie will sie das jetzt ändern?" Also, auf einmal sprachen wir nicht mehr die traditionelle Sprache, und wir gingen über zu einer mehr biblischen, patristischen Sprache. Das war eine sehr gute Erfahrung während des Konzils. So etwas würde es auch auf dem moralischen Gebiet heute geben. Wir alle leben in unterschiedlichen Situationen, was auch ein unterschiedliches Herangehen an die vielen moralischen Fragen erfordert.

Manchmal bekommt man den Eindruck, dass das kirchliche Lehramt vor einigen liberalisierenden Neigungen in Bezug auf Sexualfragen nicht nachgeben will, obwohl diese von den gebildeteren und fortschrittlicheren Schichten verteidigt werden, weil es einen negativen

Einfluss dieser „Liberalisierung" auf die große Mehrheit der Katholiken befürchtet. Ist dieser Eindruck richtig oder nicht?

Dieser Eindruck trifft vollkommen zu! Ich glaube, das Lehramt schrickt vor dem Widerhall solcher Lockerungen unter den Menschen zurück. Und die Mehrheit dieser Menschen ist nicht gebildet; sie sind gewissermaßen *Analphabeten,* und deshalb möchten die Bischöfe lieber den sicheren Weg betreten. Sie glauben, wenn sie die Zügel ein wenig lockerer ließen, wäre alles verloren! Wie gut wäre es aber, gäbe es endlich einmal eine große Synode mit der Teilnahme von Experten aus allen Fachgebieten, die es mit Menschen zu tun haben. Das wäre ein Fortschritt! Die Menschen werden heutzutage ständig mit neuen Eindrücken durch Kommunikationsmedien konfrontiert und sind desorientiert. Sie benötigen eine klare Orientierung, damit sie ihre eigenen Entscheidungen treffen können. So etwas fehlt!

Noch ein ernstes Problem in der Kirche: die Homosexualität mitten unter den Klerikern. Weiß die Kirche damit umzugehen? Will sie es überhaupt wissen? Was schlägt sie den Jugendlichen mit einer solchen sexuellen Neigung vor, die gerne Priester werden möchten? Wie könnte die Kirche helfen?

Den einzigen Weg, den ich sehe, der heißt: diskutieren, in Dialog treten! Es darf kein Tabuthema geben, das nicht seriös diskutiert werden kann. Diese Jugendlichen fernzuhalten und ihnen abzuraten, Priester zu werden, ist falsch. Es muss diskutiert werden, auch wenn keine Lösung in Sicht ist. Ein Diskussionsprozess aber eröffnet immer Perspektiven. Es geht hier um ein schwerwiegendes Thema, das die ganze Welt umspannt. Was tun? Keine Angst haben vor der Diskussion! Als ich als einer der Präsidenten zur Versammlung des CELAM nach Puebla fuhr, erhielten wir die Order, dass zwei Themen nicht diskutiert werden dürften: der Zölibat und die Frage, ob die Theologie spekulativen oder mehr einen praktischen Charakter besäße. Ich erinnere mich noch sehr gut, dass trotz alledem Dom Hypólito aus Nova Iguaçú das Problem des Zölibats ansprach. Da waren viele schon erschrocken! Das ist schade. Auch die Frage der Kinderzahl und Familienplanung ist sehr ernst. Das muss offen auf den Tisch. Schließlich wurde die Enzyklika *Humanae vitae* veröffentlicht. Als sei damit das letzte Wort gesprochen! Natürlich nicht, denn Papst Paul VI. wollte die Diskussion mit dieser Enzyklika nicht beenden. Auf der Familiensynode sollte *Humanae vitae* als Enzyklika ex cathedra festgelegt werden. Denn in der Kirche hat man immer Angst, diese Dinge offen zu diskutieren.

Machen sich die Bischöfe keine Sorgen über den Austritt vieler Intellektueller, liberaler Wissenschaftler? – Menschen, die sich als aktive Christen nicht ernst genommen fühlen und ertragen müssen, wie sie von der Kirche bevormundet werden? Oder ziehen die Bischöfe es vor, dass diese Minorität sie verlässt, statt zu riskieren, dass sie die große Masse der Gläubigen verliert?

Ich habe im Episkopat nie diese Sorge wahrgenommen. Es gibt eine gewisse Sorge um die Pastoral an den Universitäten, aber auf einer anderen Linie, nämlich der, wie man mehr kirchliche Präsenz unter Studierenden garantieren kann, um ihnen in der Ausbildung zu helfen. Wohl gibt es die Sorge der Abwanderung von der Kirche hin zu den Sekten. Papst Johannes Paul II. selbst erkennt dieses Problem. Er spricht immer wieder davon. Leider sorgt man sich nicht mehr um die Elite der Intellektuellen. Ich persönlich sehe den Schwachpunkt in der mangelnden Präsenz an den Hochschulen, auch an den *Katholischen Päpstlichen Universitäten* (Pontifícia Universidade Católica).

Glauben Sie auch, dass wir bei einer Dialogbereitschaft mit den „Unangepassten" des Universitäts-Katholizismus riskieren würden, zwei Richtungen des Katholizismus zu fördern: eine Orientierung hin zu einem kleinen Segment und eine andere mehr gesetzestreue, objektivere für die große Mehrheit?

Ich halte Letzteres für notwendig, glaube aber, man sollte es lokalen Episkopaten überlassen. Im Konzept der bischöflichen Kollegialität ist implizit mit einbegriffen, den Ortsbischöfen mehr Freiheit in diesen Fragen zu gewähren. Universalität immer! Aber Einstimmigkeit ist unmöglich. Da liegt der Haken. Wir erkennen noch keine bischöfliche Kollegialität in der Praxis. Wir leben mehr im päpstlichen Primat.

Die ministerial-hierarchische Front

Wir wissen um die Schwierigkeiten im Miteinander und in der Kollegialität der Bischöfe: Plötzlich werden Bischöfe mit einer gewissen pastoralen Linie durch andere ersetzt, die genau gegenteilig denken. Emeritierte Bischöfe dürfen nicht in ihren Diözesen bleiben, wo sie so viele Jahre hindurch gearbeitet haben. Wir wüssten gerne Ihre Meinung dazu.

Was Ihr beobachtet habt, ist vollkommen richtig. Auch die CNBB besteht auf brüderliche Zusammenarbeit. Die Kollegialität der Bischöfe untereinander war die große Errungenschaft des Zweiten Vatikanischen Konzils, die in den Anfangsjahren sehr gut in die Praxis umgesetzt wurde. Wir erlebten ein vitales Aufblühen der Bischofskonferenzen, des CELAM, der Synoden. Papst Paul VI. unterstützte die Kollegialität sehr. Papst Johannes Paul II. dagegen zentralisierte dann wieder alle Entscheidungen in Rom; anders gesagt, er beschnitt sehr stark die Handlungsfreiheit der Bischofskonferenzen. Uns in der CNBB war ein großes Maß an Kollegialität, Brüderlichkeit und Solidarität gelungen. Zum Beispiel stehen heute einige ganz abgelegene Regionen wie die Amazonasgebiete im Zentrum der Aufmerksamkeit. Wir erfahren hier viel gegenseitige Hilfe. Auch der CELAM funktionierte gut; es herrschte großes gegenseitiges Verstehen und brüderlicher Geist. Doch heute steht der CELAM sehr geschwächt da. Ihm wurden durch die *Päpstliche Kommission für Lateinamerika* mit Sitz in Rom die Flügel gestutzt. Diese Kommission entzog dem CELAM das Leben, statt es aufzuwerten! Was die Bischöfe angeht, so kam ich immer mit allen gut zurecht. Sie wählten mich zum Generalsekretär der CNBB und zweimal zu ihrem Präsidenten, auch wenn es damals bessere Kandidaten als mich gegeben hatte. Ich bereue nichts, weil meine Stärke die Zusammenarbeit mit den Bischöfen war. Es gelang uns etwas, was es vorher nicht gegeben hatte: die Einheit in dem großen Episkopat. Kollegialität ist eine große Kraft für die Kirche. Es wäre schade, wenn wir sie wieder verlieren würden oder wenn sie schwächelte. Bis heute wollen mir die neuen Statuten der CNBB von 2003 nicht so recht gefallen. Sie gehen zurück auf den Beginn der Institutionalisierung mit einer sehr schwerfälligen Struktur. Die CNBB hat nicht einmal das

Geld, um solch eine große Struktur aufrechtzuerhalten, die wir bereits 1971 abgeschafft hatten. Wir wollten damals keinen Klotz am Bein, sondern eine leichtere, agilere Konferenz. Doch die Bischöfe fühlten sich schlecht behandelt, ohne Stimme und ohne teilnehmen zu können. Also gaben sie der CNBB jetzt eine strengere Struktur. Da liegt genau das Problem der Brüderlichkeit, denn die Bischöfe versuchen nicht mehr, wie Brüder zusammenzuleben. Damals war in Brasilien die Zeit der Revolution, und das hat uns zusammengeschweißt. In dem Sinne war diese Zeit gut für das kirchliche Leben, weil sie die Bischöfe einte. So konnte wirklich ein brüderliches Miteinander entstehen. Nun, das scheint jetzt vorbei zu sein. Man kehrt scheinbar wieder zurück zu dem alten Fehler einer Überbewertung von Strukturen und Ehrentiteln. Ich sehe, wie das echte brüderliche Miteinander in der Kirche heute wieder schrumpft.

Eine andere Frage, die uns bewegt, bezieht sich auf die Ordination von Frauen. Papst Paul II., wie auch die ganze Tradition vor ihm, antwortete mit einem kategorischen Nein. Die Beweisführung des katholischen Lehramtes beruft sich auf eine nicht antastbare Entscheidung Jesu, zwölf Männer ins Apostelkolleg des neuen Israel berufen zu haben. Geht es für Sie in dieser Fragestellung um eine dogmatische Entscheidung oder um eine Tradition, die eines Tages geändert werden könnte?

Ehrlich gesagt, ich persönlich glaube, dass eine Änderung immer möglich ist. Auf jeden Fall aber ist dies ein heikles Thema. Es ist möglich, dass eines Tages die Kirche zu größerer Einsicht kommt. Gott sei Dank machte Papst Johannes Paul II. daraus kein Dogma. Er nutzte nicht die Wortwahl, die ein Papst verpflichtet ist zu nutzen, wenn er ein Dogma daraus hätte machen wollen. Er sagte lediglich, dass es ein endgültiger Beschluss sei. In welchem Sinne, frage ich mich. Tatsache ist, dass wir zwanzig Jahrhunderte lang keine Frauen im Priestertum hatten. Aber auch wenn es das in zwanzig Jahrhunderten nicht gab, ist das kein Grund, dass es heute nicht anders werden könnte.

Dom Aloísio, wenn es der Kirche doch noch nicht einmal gelingt, das verheiratete Priestertum wieder einzuführen, wie soll sie dann daran denken, sogar Frauen zu weihen? Meinen Sie nicht, Sie sind allzu optimistisch?

Nein! Ich glaube, der ökumenische Dialog wird uns da weiterbringen. In ihm erfuhren wir, dass einige Kirchen bereits Frauen weihen und gute Erfahrungen damit sammeln. Wir hatten zum Beispiel vor fünf, sechs Jahren ein ökumenisches Treffen innerhalb der CNBB, und eine Pastorin hielt uns die Predigt. Drei Bischöfe verließen aus Protest den Raum. Die Pastorin predigte sehr gut! Ihr seht daran, wie schwierig sich das Thema auch unter den Bischöfen gestaltet. Ich erinnere mich nicht genau, ob die Pastorin Presbyterianerin oder Methodistin war. Gute Theologen sagen, dass das Thema nicht dogmatisch festgelegt sei. Also bleibt es offen zur Diskussion. Es kann noch gehofft werden! Es wäre ja auch etwas komisch, hätte unser Herr Jesus für die Frauen nur sechs Sakramente zur Verfügung und für die Männer sieben!

Wir erinnern uns: Als Sie in der Erzdiözese von Fortaleza waren, überließen Sie es einer Frau, der Exegese-Professorin Tânia Maria Couto Maia, die Weltbilder der einzelnen Seminaristen zu orientieren. Das heißt, ein Ortsbischof hat die Möglichkeit, vieles selbst zu entscheiden. Und Sie tun das auch. Also fehlt es vielen Bischöfen doch nur an gutem Willen, neue Horizonte zu eröffnen.

Ihr wisst nur allzu gut, dass es Leute gibt, in der Hierarchie wie unter den Laien, die nicht wollen, dass Frauen Theologie dozieren. Ich bekomme bei meinen *apostolischen Visitationen* entsprechende Ermahnungen, das heißt aber nicht, dass ein Ortsbischof nicht gewisse Freiheiten und eigene Verfügungsgewalt hat.

Im Klerus herrscht große Unzufriedenheit, wenn es in der Kirche um neue Bischofsernennungen geht. Gäbe es irgendwelche Möglichkeiten zu größerer Teilnahme an Bischofswahlen, so wie es im Urchristentum ja auch der Fall war?

Als Erstes steht es außer Frage, dass der Klerus diesbezüglich unzufrieden ist. Zweitens: ja, ein Einbeziehen des Klerus bei Bischofsernennungen wäre leicht möglich. Es gibt auch einen gewissen Druck Rom gegenüber. Von dort aber kommt Widerstand. Wenn man in Rom wenigstens die Ortsbischöfe aus den einzelnen Regionen anhören würde! Stattdessen ist es gewöhnlich so, dass die von den Regionalbischöfen vorgeschlagenen Kandidaten meistens nicht von Rom ernannt werden. Sie kommen dann auch nicht mehr für andere Regionen infrage. Ich kann bezeugen, dass hier im Staat Ceará kein einziger der von uns Bischöfen vorgeschlagenen Kandidaten ernannt wurde!

Aber das zeugt doch von großem Misstrauen?! Worin begründet sich dieses?

Ich gestehe ein, das macht uns alle perplex. Nicht nur der Klerus ist unzufrieden. Wir alle sind es, auch die Bischöfe. Wie oft haben wir schon innerhalb des CNBB einen Antrag in Rom gestellt mit der Bitte, uns das Recht einzuräumen, selbst neue Bischöfe unter den Priestern auszusuchen! Leider wurde uns dieser Wunsch nie erfüllt.

Stimmt es, dass die Hierarchie zur Zeit in ihren päpstlichen Mitteilungen sehr beängstigt ist in Bezug auf Laien, die Theologie studieren und im Innern der Kirche oft aktiv werden, etwa in der Liturgiegestaltung? War der diesbezügliche restriktive Ton von Papst Johannes Paul II. wirklich nötig?

Derlei Ängste und Sorgen habe ich unter unseren Bischöfen nie bemerkt. Ganz im Gegenteil, sie begrüßen ganz euphorisch das Aufkommen dieser Laien und nutzen sogar die Möglichkeit, darunter auch gute Priesteramtskandidaten zu finden: Gut ausgebildete Laien benötigen gut ausgebildete Priester! In Rom spüre ich immer wieder ein wenig von dieser Angst. Ich weiß nicht, wie sie in Rom auf den Gedanken kommen, Theologie sei nur für Kleriker. Sie sehen nicht mit wohlwollendem Blick die vielen Laien – Männer, vor allem Frauen –, die in den theologischen Instituten lernen. Wobei heutzutage sogar Institute wie das *Gregorianum,* die Theologische Hochschule in Rom unter Leitung der Jesuiten, selbst auch weibliche Studierende hat. Das sehe ich alles sehr positiv. In der südbrasilianischen Stadt Porto Alegre gebe ich selbst ja auch Vorlesungen über *Glaube und Politik.* Ich kann mich immer nur wundern und freuen, wie die Laien da mitmachen und vorangehen. Die Tür ist geöffnet, und das ist gut.

Diese Initiativen müssen weit mehr gefördert werden!

Spüren Sie nicht auch ein gewisses Unbehagen, wenn es um die Frage des Weihe-Priestertums geht? Hat man Angst davor, dass eines Tages gut geschulte Laien geweihte Priester ersetzen könnten?

Die päpstliche Instruktion über die geweihten und nicht geweihten Ämter in der Kirche ist nicht sehr glücklich ausgefallen. Außerdem kam sie kurz nach der Generalversammlung der lateinamerikanischen Bischöfe in Santo Domingo heraus. Dort hatte man nämlich klare Formulierungen gefunden bezüglich der *Vorrangstellung der Laien* in der Kirche! Die römische Instruktion betont nun kurz darauf die *Kleriker in ihrer Vorrangstellung.* Es handelt sich um einen Rückschritt sondergleichen! So als könnte ein Laie nicht das Amt ausüben! Es ist ihm bereits durch die Taufe gegeben. Gott sei Dank geriet diese Instruktion Roms bald in Vergessenheit. Sie verteidigt zu sehr die Macht des Klerus.

Wenn die Bischöfe vom Volk Gottes sprechen, schließen sie sich dann selbst mit ein oder beziehen sie sich nur auf die Laien?

Das ist von einem Bischof zum anderen unterschiedlich.

Der zentrale Begriff der Generalversammlung der lateinamerikanischen Bischöfe in Puebla im Jahre 1979 war „Gemeinschaft und Partizipation". Dachten da die Bischöfe mehr an eine gehorsame Unterwerfung der Gläubigen unter ihre legitimen Hirten – eine vertikale Gemeinschaft –, oder ging ihre Sorge dahin, dass die Hirten mit dem Volk Gottes insgesamt in Gemeinschaft stünden, also mehr horizontal verstanden?

In Puebla ging es ganz klar um den Schlüsselbegriff *Teilhabe des ganzen Gottesvolkes.* Aber ich weiß auch, es gibt einige Bischöfe, die mehr auf einer vertikalen Linie liegen und die Teilnahme der Laien nicht sehr zu schätzen wissen.

Wie sieht heute das Profil eines Priesters aus? Was wünschen sich die Bischöfe? Was wünscht sich das Volk Gottes? Gibt es überhaupt ein klares Profil?

Heute herrscht immer noch das traditionelle Bild eines Priesters vor, so wie es ihn immer gab. Das *missionarische* Profil ist verlorengegangen. Der Priester ist und bleibt ein Priester der *Sakristei,* der *Sakramente.* Das Priesterbild von der *Hefe im Teig,* dem *Salz der Erde* oder dem *Licht der Welt* ist verblasst. Nur in den Amazonasgebieten habe ich ein anderes, ein positives Priesterbild kennenlernen dürfen. Aber die große Mehrheit liegt immer noch mehr auf der traditionellen Linie. Ich finde, dass muss sich dringend ändern!

In letzter Zeit spürt man, wie der Priester wieder mehr zum Verwalter einer Gemeinde wird, wie ein Bischof Verwalter, Aufsichtsbeamter, Ökonom wird. Warum geht die Entwicklung wieder in diese Richtung?

Ich weiß das auch nicht zu erklären, aber es ist leider so. Wichtiger als alles andere ist die Verwaltung materieller Güter. Man verspürt kein Interesse mehr, prophetisch, missionarisch auf das Volk zuzugehen. Wichtiger ist das Einkommen durch den Zehnt, eine volle Kasse und eine gut ausgestattete Kirche!

Wie kann man dieser Tendenz wieder entgegensteuern?

Ich gebe mal ein Beispiel: Im Franziskanerkonvent in Porto Alegre, wo ich jetzt wohne, leben fünfzehn Ordensmitglieder: elf Priester und vier Laienbrüder. Wir werden nie zu einer bestimmten Arbeit gebeten, nur zur Heiligen Messe. Eine andere Beschäftigung? Niemals! Und das, obwohl rund um unseren Franziskanerkonvent viele Menschen und sehr viele Hilfsbedürftige wohnen.

Welche Zukunft hat dieses Priesterbild für die Kirche? Ist es für die Kirche besser, alles so zu belassen, wie es ist, oder müsste ein anderer Priestertyp entstehen, der es riskiert, sich an den Rändern der Gesellschaft zu verlieren?

Ich habe da keine Zweifel: Ein Priester *muss sich verlieren.* Er muss die neunundneunzig Schafe verlassen und hinter dem einen hergehen, das sich verlaufen hat. Heute sind es neunundneunzig, die sich verlaufen haben – und eines ist noch in der Kirche! Also noch mehr ein Grund, um hinauszugehen! Es gibt offensichtlich viele Menschen, die dabei helfen wollen und sich zur Verfügung stellen: Laien, Ordensleute. Eigenartig ist hierzulande bei uns nur, dass die Kirchen zwar voll sind, aber in Wirklichkeit die meisten nicht kommen. Wenn wir so weitermachen, kommen wir nicht mehr weit, weil immer mehr Menschen der Kirche fernbleiben. Also, das vorherrschende Priesterbild hat keine Zukunft. Vor drei Jahren schrieb ich in einer brasilianischen theologischen Fachzeitschrift, der *Revista Eclesiástica Brasileira* (REB), einen Artikel über das Profil eines Priesters. Aber ich weiß nicht, ob ihn jemand gelesen hat. In Wahrheit sind wir sozusagen am *Schlittern.*

Zur Zeit, als es noch mehr Priester gab, die das Volk Gottes durch Engagement, Aufgaben, Missionen, Nächstenliebe usw. in Bewegung bringen wollten, fühlte sich ein Teil der Gläubigen in seiner Ruhe und Bequemlichkeit „gestört" und trat deshalb aus der Kirche aus. Kann man also sagen: Die Kirchenspitze denkt so: Was erwartet die große Mehrheit der Gläubigen von Kirche und Klerus? – Sakramentale Lebensbegleitung, spirituellen Trost, erhebende Gottesdienste an den Sonntagen? Aber bloß kein kritisches Bewusstsein, aktive Teilnahme und Engagement!?

Leider entwickeln wir heute wieder verstärkt eine Pastoral *zurück zum Alten.* Deswegen kommen wir nicht voran. Vielen Priestern genügt eine volle Kirche, und sie denken, sie würden dadurch viele erreichen. Aber die größere Mehrheit nimmt nicht an sonntäglichen Gottesdiensten teil. Würde der Priester zu denen gehen, die nicht zur Kirche kommen, würde er sich weit mehr bestätigt fühlen. Doch das geschieht nicht. Ein weiteres Problem heutzutage ist, dass die Priester viele Kurse besuchen: Sprachkurse und diese und jene Kurse, aber keine auf dem Gebiet der Pastoral, Liturgie oder Bibel. Die Kurse dienen nur ihnen selbst. Niemanden interessiert es, ob Priester sich entsprechend ihren Aufgaben weiterbilden. Jugendliche werden zum Beispiel lange auf die Firmung vorbereitet, dann kommt diese sehr festliche Messe – und das war's! So gut wie niemand von diesen Jugendlichen betritt später noch einmal die Kirche. Wer geht zu ihnen hin? Wer sorgt sich denn wirklich um sie?

Wo sehen Sie heutzutage die größten Probleme der Berufswerbung und der dann folgenden Ausbildung?

Die Frage der Berufswerbung ist ein sehr schwieriges Kapitel. Unsere Jugend wird mit vielen Berufsmöglichkeiten konfrontiert. Sie gehen darin unter. Auch gibt es heute viel mehr Einzelkinder als früher, und deshalb sträuben sich oft die Eltern gegen eine Berufswahl zum Priester. Eine weitere Tatsache ist, dass heute in den Familien nicht mehr so viel gebetet wird. Die Gebete zu den einzelnen Tageszeiten werden nicht mehr praktiziert. Und in der Ausbildung haben wir auch keine Linie entdeckt, die den Jugendlichen unserer Zeit entspricht. Es muss sich etwas ändern. Aber wir wissen noch nicht, was und wie. Ein weiteres ernstes Problem: Die Jugendlichen heutzutage lesen wenig. Selbst die Studenten lesen nur das, was ihnen auferlegt wird. Zur Zeit steht die Ausbildung also auf sehr schwachen Beinen. Wir brauchen Priester, die sich dieser Welt stellen können. Deshalb müssen wir missionarisch ausbilden, was aber nicht geschieht.

Pater José Comblin sagte einmal, die größte Sünde unserer Zeit sei die Apathie, der Überdruss: Alles ist zu schwer, langweilig; niemand kann sich mehr an etwas erfreuen. Jeder beschäftigt sich mit seinem eigenen Projekt und dreht sich nur noch um sich selbst. Was meinen Sie dazu?

Ich stimme voll und ganz zu. Ich sage den Priestern immer: Ihr selbst müsst Ziele und Ideale im Leben haben. Ohne sie kommen wir nicht voran. Nur sie sind imstande, den Indifferentismus zu besiegen.

Stellt man sich innerhalb der CNBB wirklich noch die Frage, welche Art von Priestern die heutige Welt benötigt?

Diese Sorge gab es einmal. Heute kehren wir einfach wieder zurück zum Althergebrachten. Ein gewisses Übel ist allerdings die ungebremste Neugründung von theologischen Instituten. Wenige haben die nötigen Qualifikationen, um Menschen für die Gegenwart und Zukunft auszubilden. Wir beobachten ein gefährliches Phänomen: Der Geist ist heute schwach. Es besteht kein sonderliches Interesse und keine wahre Liebe zu einer Ausbildung.

Kurswechsel zu einer restriktiven Interpretation des Konzils

Im Interview mit dem Journalisten Peter Seewald, 1996 als Buch veröffentlicht, sagt der damalige Kardinal Ratzinger: „Es gibt zwei Interpretationen des Konzils. ... Das wahre Erbe des Konzils findet man in seinen Texten." Und: „Es gibt viele Personen, die behaupten, die Texte seien nur erste Impulse gewesen" (O Sal da Terra, Imago 1997, S. 62). Welche Interpretation halten Sie für die angebrachte: das Konzil und nichts weiter?! Oder aber ein Weiterdenken des Konzils?

Wir haben noch den Brief von Papst Paul VI. von September 1966, also kurz nach dem Konzil geschrieben. Darin sagt er, dass das Konzil lediglich ein Startschuss gewesen sei. Also müssen wir über dessen Texte hinausgehen. Wir können nicht stehen bleiben, wir müssen weitergehen. Interessant dazu ist das Buch von Dom Helder Câmara mit den Tagebuchnotizen aus der Zeit des Zweiten Vatikanischen Konzils.[6] Es ist sehr spannend. Ich bin sogar ein wenig verblüfft, denn Dom Helder zeigt sich in diesen Tagebuchnotizen mit einer ganz außergewöhnlichen Intelligenz und Klarheit. Man spürt da die ganze Dynamik und alles, was das Konzil für die Zukunft der Kirche bedeuten könnte. Seine Zukunftsvisionen für die Kirche finde ich sehr interessant. Während des Konzils, bei den Versammlungen des brasilianischen Episkopates, war Dom Helder nicht so aktiv wie innerhalb anderer Episkopate. In seinen Texten spürt man so richtig, wie sehr der Geist des Konzils in die Geschichte der Menschheit vorstoßen wollte.

Im Interview mit Peter Seewald bekennt Ratzinger, dass er im Sommer 1969 durch neo-marxistische und psychologische Kritiken von Theologiestudenten, die sich gegen fundamentale christliche Glaubensinhalte richteten, traumatisiert wurde, und gesteht wörtlich: „Von da an wusste ich genau, worum es ging: wer weiterhin noch zu den Progressiven gehören wollte, musste seinen Seele verkaufen." Hat die Studentenbewegung, inspiriert von glaubensfeindlichen Thesen, erstmals das begeis-

[6] Dom Helder Câmara, Briefe aus dem Konzil – Nachtwachen im Kampf um das II. Vatikanum, Edition Exodus, Luzern 2015.

ternde Vorwärts des aggiornamento der Kirche in Europa gebremst?

Bald nach dem Konzil gab es schon eine Krise. Deshalb glaubten viele, die Kirche müsse den Rückzug antreten. Ich habe diese Notwendigkeit nie erkannt. Aber einen wahren Kurswechsel gab es nicht.

In einem Ihrer Vorträge sagten Sie, dass ein großer doktrinärer Teil des neuen Katechismus im vor-konziliaren Geist geschrieben worden sei. Vor der Endabstimmung des Katechismus waren 24.000 Änderungsvorschläge eingegangen, die nicht berücksichtigt wurden.

In der Tat wurden sehr viele Änderungsvorschläge erst gar nicht gelesen. Viele davon hätten eingebracht werden können; zum Beispiel die Frage der Todesstrafe, die im Katechismus in gewissen Fällen erlaubt wird. Das Kapitel zur Todesstrafe hätte man ganz herausnehmen müssen, aber es blieb drin. Trotz alledem halte ich den Katechismus der katholischen Kirche für ein bemerkenswertes Werk.

Liegen wir richtig in der Annahme, dass beim Konklave 1978, als der Pole Karol Wojtila zum Papst gewählt wurde, die Kardinäle ein klares Bewusstsein hatten von der Notwendigkeit, gegen die post-moderne permissive und relativierende Kultur anzugehen? Oder kauften sie sozusagen die Katze im Sack, ohne den wahren Charakter des künftigen Papstes zu kennen?

Da ist was Wahres dran. Ich glaube, vieles war den Kardinälen nicht bewusst, aber gewisse Ängste wurden geschürt. Niemand wollte das Konklave lange hinausziehen. Und da erschien sein Name. Die Deutschen hatten großen Einfluss. Auch wegen der damaligen Sorge um den Marxismus. Innerhalb Europas galt Karol Wojtila als eine der Koryphäen im Kampf gegen den Marxismus. Zum Beispiel hatte die marxistische polnische Regierung ihm die Ausreise zur ersten Synode nach dem Konzil verboten. Es gab im Konklave eine gewisse fundamentalistische Tendenz. Man wollte Sicherheiten. Diese Mentalität kam damals bei vielen Kardinälen gut an: „Wir brauchen einen Papst der Sicherheiten!“ Papst Paul VI. wurde von einigen ambivalent gesehen, weil er nicht genau wisse, was er wolle.

2. Kontinentale Perspektiven

Hommage für Kardinal Lorscheider

von Pater José Comblin

Lateinamerika wurde von Gott mit einem außergewöhnlichen Privileg gesegnet. In praktisch allen Ländern des Kontinents gab es eine Generation von Bischöfen, die entschieden die vom Zweiten Vatikanischen Konzil eingeleiteten Erneuerungen in Lateinamerika umsetzten. Es war die Generation von Medellín. Diese Bischöfe verstanden sich auch ohne irgendwelche juristischen Festlegungen. Alle fühlten das Gleiche, dachten auf der gleichen Linie und sahen sich gleichermaßen in die Pflicht genommen. Jeder übernahm die Beschlüsse der Generalversammlung von Medellín für seine Diözese, jeder mit einer eigenen Akzentsetzung, aber alle vereint in ein und demselben Geist!

Eine ähnliche Generation von Bischöfen gab es nur noch einmal in der Geschichte der Kirche, nämlich in Europa bei den Invasionen der Germanen im 5. Jahrhundert. Danach kamen sehr viele Bischöfe: heilige, fromme, mit sehr viel apostolischem Eifer. Sie dienten der Organisation und Verwaltung der Kirche, der Wahrung des rechten Glaubens und der Spendung der Sakramente. Es waren Bischöfe für das innere Leben der Kirche. An erster Stelle stand ihr eigenes Lebenszeugnis. Es waren also keine prophetischen Bischöfe für die ganze Gesellschaft. Nie mehr gab es eine ganze Generation zeitgenössischer Bischöfe, die sich auf gleiche Art der gleichen Sache verpflichtet wussten und den Advent des Reiches Gottes durch die Befreiung der Unterdrückten und Armen verkündeten. Die Bischöfe der Generation von Medellín dagegen legten für die befreiende Botschaft des Evangeliums Zeugnis ab und identifizierten sich mit den Armen, mit den aus der Gesellschaft Ausgeschlossenen und den an den Rand Gedrängten. All diese Bischöfe deckten die gleiche Wirklichkeit auf, jeder in seinem Land, und sie alle wollten sich der Herausforderung dieser Realität stellen. Sie verhielten sich wie der gute Samariter. Sie tauchten nach Jahrhunderten auf, in denen die Kirche nicht auf die Ausrottung ganzer Indianervölker und die Versklavung der Afrikaner geschaut hatte, und entschieden sich nun, gegen diese Wirklichkeit zu kämpfen und suchten der Kirche die Augen zu öffnen, einer Kirche, die sich an das Schweigen und an jahrhundertelange Unterlassungen gewöhnt hatte.

Die Bischöfe in der Tradition von Medellín hatten vieles zu erleiden und durchzustehen: Zurechtweisungen und Strafmaßnahmen seitens der Autoritäten und Widerstand seitens vieler Kollegen. Einige wurden in der Tat auch verfolgt. Andere wurden sogar ermordet, ohne dass ihr Martyrium offiziell anerkannt wurde. Wie oft fühlten sich diese Bischöfe im Stich gelassen! Statt Unterstützung brachte man ihnen Misstrauen und Unverständnis entgegen. Aber ihre Namen sind eingemeißelt in das Gedächtnis der Armen!

Dom Aloísio Lorscheider war einer dieser Bischöfe; einer von denen, die überlebten. Gott möge es geben, dass das Gedenken an sein Lebenszeugnis in diesen schweren Zeiten noch über viele Jahre währt. Es könnte sein, dass wir tausend Jahre und mehr warten müssen, bis wieder einmal solch eine Bischofsgeneration wie diese aufblüht. Wir, die Überlebenden dieser Zeugnisse, sind sehr privilegiert.

Dom Aloísio bekleidete wichtige Ämter in der Hierarchie, aber er ließ sich niemals zu einem Verwaltungschef degradieren. Immer blieb er ein einfacher Franziskanermönch und gleichzeitig vehementer Verteidiger der Unterdrückten. Dieser Verpflichtung blieb er sich treu. Ehrungen und Titel waren ihm immer gleichgültig. Diesbezüglich hegte er keine persönlichen Ambitionen.

Als Präsident des CELAM besaß er viel Mut und hatte eine heroische Geduld, wenn es darum ging, einen Generalsekretär wie Alfonso López Trujillo zu ertragen. Allein schon aus diesem Grund hätte er die Seligsprechung verdient, weil es wirklich heroische Tugenden voraussetzte. Er alleine weiß, wie viele Demütigungen er von Trujillo hinnehmen musste und zu ertragen hatte. Als treuer Schüler des Heiligen Franziskus von Assisi wusste er die Weisheit der Lehre über die größere Freude, die der Heilige Franziskus dem Bruder Leo übermittelt hatte, auf sich zu beziehen.

Als Präsident der CNBB gelang es Dom Aloísio, den brasilianischen Episkopat vor einem schändlichen Zusammenwirken mit der Militärdiktatur zu bewahren. Ihm gelang die große Bekehrung des Episkopates, die 24 Jahre lang beispielhaft für ganz Lateinamerika galt, während Kirchen anderer Nationen sich wieder ängstlich in Schweigen hüllten. Von allen Ländern schauten viele auf Brasilien, wo der Episkopat den Kampf gegen die Militärs aufnahm, der Option für die Armen und der Befreiung des unterdrückten Volkes verpflichtet.

Als Präsident des CELAM hatte Dom Aloísio schon bald zu spüren bekommen, dass man seiner Autorität Grenzen setzte und ihn kontrollierte. Man machte ihm das Leben schwer. Er aber sah seine Aufgabe jenseits der administrativen Verpflichtungen. Er wurde zum Vorbild für alle Länder, indem er zu retten versuchte, was zu retten war von der neu orientierten Pastoral, die Medellín vorgegeben hatte. Seine Gegenwart als Präsident des CELAM wurde zum Zeichen, zum Auftrag und zur Hoffnung für all jene, die unter den Repressalien der römischen Kurie zu leiden hatten. Wie oft habe ich zu hören bekommen: Ihr in Brasilien habt großes Glück, in eurer kirchlichen Führung solch evangelientreue und mutige Persönlichkeiten zu haben!

Dom Aloísios Rede zur Eröffnung der Generalversammlung der lateinamerikanischen Bischöfe von Puebla wird in die Geschichte eingehen. Vielleicht war es die bedeutendste Rede in all den Jahren, die je ein Präsident des CELAM hielt. Die Situation damals war diese: Nach der Eröffnungsrede zur Generalversammlung durch Papst Johannes Paul II. schauten sich viele perplex an und ließen verzweifelt die Köpfe hängen. Alle fragten sich: „Und was jetzt?“ Einer alten Leier gleich, wiederholte der Papst in seiner Rede die Argumente, mit denen Alfonso López Trujillo in all den Jahren gegen die Theologie der Befreiung, gegen eine volksnahe Bibellesung und gegen die Basisgemeinden zu Felde zog, da es sich bei all dem um eine marxistische Infiltration der Kirche handle. Das Christentum in der Auslegung der Befreiungstheologie sei in Wirklichkeit ein schön geschminkter Kommunismus, um das Volk zu täuschen. Substanziell ist bereits alles in dieser Rede enthalten, was später Kardinal Ratzinger in der *Instruktion über einige Aspekte der „Theologie der Befreiung“* (6. August 1984) vorbringt, um die lateinamerikanische Theologie zu verurteilen. Papst Johannes Paul II. übermittelte den Eindruck, das zu wiederholen, was andere ihm vorgekaut hatten, jedoch ohne die Reichweite seiner Worte zu spüren. Danach *kaufte* sich der Papst durch seine Besuche in Mexiko los, vor allem bei den Campesinos, den Indigenas und den Arbeitern. Dennoch: Seine Eröffnungsrede war ein schrecklicher Hieb. Sollte die Generalversammlung von Puebla nun unter diesem Zeichen stehen? Es war wie eine kalte Dusche, die jegliche Begeisterung im Keim erstickte. Auf einen Schlag standen alle kritischen Theologen und Denker ganz Lateinamerikas unter Generalverdacht. Und die konservative Linie? – In Feierstimmung! Tags darauf hielt Dom Aloísio seine Rede und benannte die konkreten Herausforderungen Lateinamerikas. Er zeigte auf, dass das wahre Problem Lateinamerikas jenes war, worauf schon Medellín hingewiesen hatte: fünf Jahrhunderte Unterdrückung, Ausrottung indigener Völker, systematische Versklavung der Schwarzen und all das aus dieser langen Zeitperiode ererbte Elend! Hier liege die Aufgabe für die Kirche und ihre prophetische Arbeit.

Dom Aloísio sagte: „Es geht nicht darum, eine bereits entwickelte Pastoralarbeit weiterzuentwickeln und zu vervollständigen, sondern es geht darum, den Samen auszusäen und ein Fundament zu legen für eine Umwandlung der lateinamerikanischen Gesellschaft, inspiriert vom Evangelium. Diese neue Gesellschaft ist in Lateinamerika bereits am Kommen.“ Und dann weiter: „Das Dringlichste für uns ist, die menschliche Würde zu verteidigen und die fundamentalen Menschenrechte in Lateinamerika zu proklamieren.“ Und: „Die Prinzipien, die im vorbereitenden Arbeitsdokument immer galten, waren die der Einheit und des Dialogs, um zu einer wahren und authentischen Freiheit zu gelangen. … Das Modell für die Evangelisierung waren die kirchlichen Basisgemeinden. … Die neue Verantwortung in Lateinamerika muss sich auf die Vertiefung des Glaubens richten, die nur wirksam werden kann durch die Einbeziehung von Familie, Jugend und kirchlicher

Basisgruppen und -gemeinden in einer missionarischen Gesinnung.“

Im September 1978 hatte der CELAM ein vorbereitendes Arbeitsdokument veröffentlicht. Darin spürte man deutlich Dom Aloísios Handschrift. Dieses Dokument wurde nach einem vorausgegangenen kurzen Konsultationsdokument von López Trujillo veröffentlicht, weil dessen Text einen sehr starken Protest hervorgerufen hatte bzw. auf allgemeine Ablehnung stieß. Es war notwendig gewesen, Trujillos Text von Grund auf zu korrigieren. Das neu erstellte Arbeitsdokument berücksichtigte die Thesen von Medellín und die Orientierungen aus den Basisgemeinden. In seiner Einleitungsrede griff Dom Aloísio die Texte dieses vorbereitenden Arbeitsdokumentes auf und schob andere, die entgegengesetzte Thesen vorbrachten, beiseite.

Mit Dom Aloísios Orientierungen kamen die Bischöfe besser zurecht: Die Konferenz schlug vor, die Herausforderungen des Arbeitsdokumentes zu diskutieren. Den massiven Mahnungen des Papstes jedoch wurde nicht mehr so viel Wert beigemessen. Das Hauptthema war nicht mehr die in die Kirche infiltrierte marxistische Häresie, auch wenn man wusste, dass dies viel Widerstand hervorrufen würde, gegen den zu kämpfen sich aber lohnte. In den Versammlungssaal durften nur die Bischöfe, nicht aber die sie begleitenden Theologen. Dennoch gab es verschiedene Wege der Theologen, sich mit befreundeten Bischöfen auszutauschen. Aufs Ganze gesehen entwickelte Puebla sehr viele gute zukunftsweisende Ideen.

Wahr ist, dass nach Puebla die Römische Synode im Zeichen der 500-Jahr-Feier Lateinamerikas die *Option für die Armen* fallen ließ und sich statt dessen für eine *Pastoral der Mittelschichten* entschied. Über öffentliche Medien und Universitäten versuchten sie dieses Ziel zu erreichen. Dennoch bleibt das Zeugnis der lateinamerikanischen Kirche bestehen. Für künftige Generationen wird Puebla als Referenzpunkt weiterhin Gültigkeit haben. Eine Option für die Reichen wird daher nicht mehr vertretbar sein, ohne von einem schlechten Gewissen geplagt zu werden. Immer mehr prophetische Worte wird es geben, die das ruhige Gewissen einer Kirche mit einer Option für die Reichen durcheinander bringen.

***

Wegbereiter der „Option für die Armen"

Dom Aloísio, Sie sagten wiederholt, in Medellín und Puebla sei das Modell einer Kirche entstanden, das seine Wurzeln im Zweiten Vatikanischen Konzil habe. Hier in Medellín und Puebla habe man das Konzil weiterentwickelt. Sie haben an all diesen wichtigen Ereignissen der lateinamerikanischen Kirche teilgenommen. Können Sie uns sagen, wie man zu der „Option für die Armen" kommen konnte? Und schließlich: Was bewegte die Teilnehmer der Generalversammlung der lateinamerikanischen Bischöfe in Medellín dazu, sich so sehr auf die Armen einzulassen? Wer waren die Vorkämpfer für diese „neuen Ideen"?

Ich würde sagen, wir haben zwei Koryphäen. Eine davon ist unser Dom Helder Câmara. Er arbeitete viel *hinter den Kulissen,* gewann aber großen Einfluss. Dom Helder genoss großen Respekt, war sehr lebendig und hatte einen großen Freund, nämlich Dom Larraín aus Chile. Die beiden waren wie ein Herz und eine Seele. Man kann sagen, sie formulierten nach und nach diese vorrangige Option der Kirche für die Armen. Dom Helder hatte sich sehr dafür eingesetzt, den Gedanken einer Öffnung der Kirche hin zur Welt der Armen in den Konzilsdokumenten zu vertiefen. *Er* hatte diese Intuition. Ausschließlich zum Zweck der Akzentuierung dieser Problematik bildete sich sogar eine ziemlich große Arbeitsgruppe. Aber das Konzil als solches nahm wenig davon auf. Die einzigen nicht-lateinamerikanischen Bischöfe, die aktiv für dieses Anliegen kämpften, waren der italienische Kardinal Lercaro aus Bologna und der belgische Kardinal Suenens. Beide hatten sich durch Dom Helder Câmaras Einfluss für das Thema *Armut* sensibilisieren lassen. Als dann später Dom Larraín – inspiriert durch Dom Helder – mit der Vorbereitung von Medellín (1968) beauftragt wurde, war klar, dass man diese Ideen hier aufgreifen würde. An der Seite dieser beiden Kardinäle stand auch noch Dom Avelar. Er hatte eine ganz andere Art, war aber sehr einflussreich. Wenn er sprach, wurde hingehört. Ein weiterer, dem damals auch viel Gehör geschenkt wurde, war Dom Eugênio Araújo Sales. Das waren die Bischöfe und Kardinäle, die in Medellín ihre Überzeugungen vorstellten und die meisten Teilnehmer zu animieren wussten. Bei unserer Ankunft war uns noch nicht so klar, was uns erwartete. Wenigstens bei mir war es so, und bei vielen anderen hatte ich auch diesen Eindruck. Was einfach allgemein angestrebt und gewollt wurde, war eine *Übersetzung* des Zweiten Vatikanischen Konzils in die Sprache Lateinamerikas. Das schien wesentlich und inspirierte die Redewendung *Kirche im Wandel Lateinamerikas.* Dabei entdeckten wir das, was wir heute als *menschlichen Abfall*[7] bezeichnen. Natürlich haben uns einige Theologen dabei geholfen. Ich denke da vor allem an Gustavo Gutiérrez. Er ist Peruaner, bescheiden, sehr intelligent, und hat sich mit seinem großen Einfluss um Lateinamerika sehr verdient gemacht. Es gab aber auch noch einen anderen in meiner Gruppe, ein Theologe aus Uruguay. Leider ist er später weggegangen. Ich meine, er war Jesuit, aber ich erinnere mich nicht mehr so genau. Auch er hatte klare Ideen bezüglich der Situation Lateinamerikas. Diese Leute wollten die Welt verändern und glaubten, es in Lateinamerika zu schaffen. Die Ideen dazu reiften heran. Natürlich dürfen wir in diesem Zusammenhang nicht die Enzyklika *Populorum Progressio* von Papst Paul VI. unerwähnt lassen, die im März 1967, also kurz vor der Konferenz, veröffentlicht worden

---

[7] Anmerkung des Verlags: Ein Begriff, der zuerst bei Bertrand Ogilvie benutzt wird, in: Violence et représentation: la production de l'homme jetable, Lignes, 1995, Nr. 26, S. 113–141; später auch bei Zygmunt Baumann, Verworfenes Leben, Hamburg 2005. *Menschlicher Abfall* bezeichnet die Menschen, die unter den herrschenden Bedingungen nicht gebraucht und deshalb wie Müll behandelt werden. Im Schlussdokument der 5. Generalversammlung der Bischöfe Lateinamerikas und der Karibik in Aparecida wird diese Redewendung wieder aufgegriffen: Stimmen der Weltkirche, Nr. 41, S. 55f. Papst Franziskus übernimmt ihn am 24. November 2013 in seinem apostolischen Schreiben *Evangelii Gaudium* über die Verkündigung des Evangeliums in der Welt von heute. In *Evangelii Gaudium,* Nr. 53, heißt es: „Ebenso wie das Gebot ‚du sollst nicht töten' eine deutliche Grenze setzt, um den Wert des menschlichen Lebens zu sichern, müssen wir heute ein ‚Nein zu einer Wirtschaft der Ausschließung und der Disparität der Einkommen' sagen. Diese Wirtschaft tötet. … Es ist nicht mehr zu tolerieren, dass Nahrungsmittel weggeworfen werden, während es Menschen gibt, die Hunger leiden. … Der Mensch an sich wird wie ein Konsumgut betrachtet, das man gebrauchen und dann wegwerfen kann. Wir haben die ‚Wegwerfkultur' eingeführt, die sogar gefördert wird. … Die Ausgeschlossenen sind nicht ‚Ausgebeutete', sondern Müll, ‚Abfall'."

war. Sie wurde von der Versammlung der lateinamerikanischen Bischöfe in Mar del Plata aufgegriffen. Ich sehe darin eine direkte Vorbereitung auf Medellín. In Mar del Plata drehte sich noch alles um den Begriff *Entwicklung*. Aber auch da kam schon stark die Idee der *Befreiung* auf, ein Begriff, der weit über das, was Entwicklung sagen will, hinausgeht. Entwicklung ist eine kapitalistische Idee, die Fragen nach dem Warum von Entwicklung aufwirft und ob es überhaupt möglich ist, die ganze Welt zu entwickeln. Allen wurde klar, dass es nicht nur um Entwicklung gehen konnte, sondern auch um *Freiheit*, weil die Völker Lateinamerikas in einem unterdrückerischen System leben. Also flossen Begriffe wie *externer* und *interner Kolonialismus* in die Gedankengänge ein. Im ersten Fall waren die von außen kommandierenden Mächte gemeint, vor allem die Vereinigten Staaten, und im zweiten Fall die in Lateinamerika ansässigen reichen Unternehmen, die skrupellos die Kraft der Arbeiter ausbeuteten. Ich denke, dass bei all diesen Erwägungen dann die *Option für die Armen* geboren wurde. Und die Kirche musste die Armen umarmen, weil die Option für sie etwas war, das dem Evangelium entsprach. Aber es ist ja klar, dass all das nicht so leicht angenommen wurde. Es gab Widerstand! Ein großer Teil der Konferenzteilnehmer dachte, hinter all dem stecke eine marxistische Ideologie. Marxismus war ein Hirngespinst, ein Schreckgespenst, auch in Lateinamerika. Viele fragten sich: „Wie wird es sein, wenn die Ordnung untergraben wird? Das kann nicht gut gehen! Die Welt muss sich normal, harmonisch entwickeln!“ Die Frage der Revolution schlug bereits in Medellín hohe Wellen. Damals hatten wir den Fall des Priesters Camillo Torres, der zu den Revolutionskräften Kolumbiens überlief mit der Idee, nur durch die Eingliederung in das Revolutionsheer erreiche man die wahre Freiheit. Das Wort *Befreiung* wurde zu einem mystischen Wort dieser Bewegung. Ich glaube, Medellín steht unter dem Stern dieses Wortes. Später verlegte man sich auf die Idee, die Armen besser zu organisieren, indem diese selbst sich am Prozess ihrer Befreiung beteiligen, während vorher die Idee herrschte, dass die Kirche sich für die Armen einsetzen solle, sozusagen in einer Art Paternalismus oder Assistenz-Fürsorge-Denken. Wir meinen heute jedoch, dass sich alle einbringen müssen und dass die Armen selbst Subjekte ihrer Geschichte werden. Die Konferenz stützte sich also auf diese Ideen. Aus eben diesen Gründen war Medellín stark gekennzeichnet durch die beiden ersten Kapitel des Schlussdokumentes *Gerechtigkeit und Frieden.* Alle fingen an zu begreifen, dass das Problem der Unterdrückung sehr ernst zu nehmen sei. Unter den Bischöfen gab es noch keine ideologischen Einwände, stattdessen aber allgemein große Zustimmung. Die Diskussionen liefen auch nicht abseits der offiziellen Versammlung, wo der eine in diese und der andere in jene Richtung drängte. Nein, es gab untereinander eine große Übereinstimmung nach dem Motto: „Wir müssen etwas unternehmen!" Also wurde das Thema stark forciert und von allen zustimmend angenommen. Doch: Das eine ist die Zustimmung, das andere ist das Leben. Und da haben die kleinen Basisgemeinden ein großes Verdienst, weil Medellín bereits von kleinen kirchlichen Basis-Gemeinschaften sprach. Sie sollten ein Mittel für die Armen sein, sich einbringen zu können. Die Idee beruhte also darauf, dass alle aktiv Subjekte ihrer Befreiung werden.

Option für die Armen – der theologisch-politische Kontext

Gibt es ernstere Verwicklungen oder Folgen aus der vorrangigen und evangeliengemäßen Option für die Armen?

Die *vorrangige Option für die Armen* ist für mich zuallererst eine *solidarische,* solidarisch mit den Armen. Dann finde ich immer noch das Wort *prophetisch* besser als *evangeliengemäß,* weil evangeliengemäß etwas schönredet, wenn auch Evangelium Evangelium ist und bleibt. Aber *prophetisch* ist stärker: Da schwingt *anklagen* mit. Wir müssen auch *Ankläger ungerechter Strukturen* sein, nicht nur *Verkünder der Frohen Botschaft*. Die Konferenz von Medellín lief an sich ruhig und friedlich ab. Meiner Meinung nach gab es so etwas nicht wieder, weder in Puebla und noch weniger in Santo Domingo. Keine dieser beiden Konferenzen aber konnte Medellín übertreffen. Medellín war ein großes kirchliches Ereignis in Lateinamerika, das auch Einfluss auf die Kirche außerhalb unseres Kontinents hatte. Medellín beeinflusste das Lehramt unserer Kirche. Dabei dürfen wir nicht Papst Paul VI. vergessen. Er war das Rückgrat der Kirche zur Zeit von Medellín. Dom Helder Câmara war sehr gut mit ihm befreundet und auch noch mit anderen, die Einfluss auf den Papst nehmen konnten. Die wunderbaren Reden, die Dom Helder anlässlich des Eucharistischen Kongresses 1968 in Bogota hielt, sind äußerst interessant, denn darin sprach er bereits die sozialen Realitäten Lateinamerikas an. Bei all diesem kirchlichen Umschwung kommt man an Papst Paul VI. nicht vorbei.

Würden Sie die Aussage vertreten, dass die größte Motivation für die Bischöfe, als sie die Option für die Armen proklamierten, eine authentische Rückkehr zur zentralen Botschaft Jesu war? Oder war dies eher ein Versuch, auf die spezifisch politischen Zusammenhänge der 1960er und 1970er Jahre eine Antwort zu geben? Themen wie Entwicklung, Befreiung oder Fortschritt der Völker hingen damals in der Luft. Mit anderen Worten: Entdeckte man den Armen, die Armut im Zentrum des Evangeliums, oder versuchte man nur, auf politische Fragestellungen eine Antwort zu geben?

Es ist zweifelsohne wahr, denn – ob man will oder nicht – die Bischöfe haben sich diese vorrangige Option für die Armen nicht zu eigen gemacht, wie sie es hätten tun müssen. Ganz sicher spielen die politischen Zusammenhänge eine Rolle mit. Ich habe bereits die Angst vor dem Kommunismus und den Marxismus erwähnt. Man hatte große Sorge, dass ganz Lateinamerika für die Kirche verloren ginge. Denn in der Tat hatten die kommunistischen Kämpfer einen viel größeren Einfluss und sprachen die Sprache, die das Volk verstand. Also waren die Entscheidungen der Bischöfe weit mehr politisch bedingt als vom Evangelium her inspiriert. Es gab im Episkopat eine gewisse Sorge, diesen marxistischen und kommunistischen Einfluss zu neutralisieren. Es war die Zeit, in der diese Bewegungen in Lateinamerika sehr stark aufkamen. Sogar viele Christen konnten sich dafür begeistern. Deshalb denke ich, dass der politische Kontext eine entscheidende Rolle spielte. Wer will heute noch darüber reden? Es scheint, als sei diese Zeit vorbei. Gut, wir bestehen darauf. Wir sagen immer wieder: Das Markenzeichen für die Pastoral in Lateinamerika ist die vorrangige, solidarische, evangeliengemäße, prophetische Option für die Armen. Wir sagen es, jedoch in der praktischen Pastoral ist nicht mehr viel davon zu spüren.

Sie meinen also, diese Option war weniger pastoral und evangeliengemäß als vielmehr strategisch-politisch motiviert?

Ja, das ich glaube. Sie war mehr strategisch-politisch innerhalb des damaligen politischen Kontextes.

Sie beziehen sich auf Medellín?

Für mich war der Ausgangspunkt dieses historischen Momentes für die lateinamerikanische Kirche in der Tat Medellín. Das war so stark, dass wir danach mit zunehmenden Versuchen zu kämpfen hatten, diese Konferenz zu neutralisieren. Ich war einer, der in Puebla dabei war und die Konferenz mit vorbereitete. Da waren manchmal die Widerstände gegen Medellín sehr groß. Es gab eine starke Tendenz vonseiten eines Teils der Bischöfe, Medellín zu neutralisieren: „Medellín? Das war einmal, das ist vorbei!" Und es gab einige mit viel Einfluss im Vatikan, die Schrecken verbreiteten, und der Vatikan war ziemlich verzweifelt. Ich erinnere mich an den Vertreter des Vatikans in Puebla, zugleich einer der Vorsteher dieser Konferenz: Kardinal Baggio. Er war sehr besorgt um alles und wollte diese vorrangige, solidarische und evangeliengemäße Option für die Armen aus der Welt schaffen. Bezüglich dessen wollte er auch schon mit dem Papst telegrafieren, um ihn zu bitten, das erste Kapitel aus Teil 4 des Dokumentes ganz herauszunehmen, in dem von der *vorrangigen Option für die Armen* die Rede ist. Das aber erregte starken Protest bei einigen Bischöfen. Als einer der Vorsteher dieser Konferenz ging ich daher zu Kardinal Baggio und sagte ihm: „Kardinal Baggio, geben Sie uns ein wenig Zeit, um alles noch einmal besser zu überdenken. Danach werden wir Ihnen eine Antwort geben."

Gab es auch außer vom Vatikan noch von anderen europäischen Kirchen Druck auf die lateinamerikanischen Bischöfe?

Wir wussten, dass von Deutschland aus, vor allem von *Adveniat,* Druck gegen die Befreiungstheologie aufgebaut wurde. Das ging sogar so weit, dass der Erzbischof und spätere Kardinal Hengsbach aus Essen, dem Sitz Adveniats, eine ganze Studienreihe mit diversen Büchern und Publikationen gegen die Befreiungstheologie organisierte! Einige Bischöfe Lateinamerikas standen auf seiner Seite. Es gab dann in Deutschland eine regelrechte Verschwörungswelle, ausgehend von der Gruppe um Hengsbach. Sie verfügten über viel Geld! Einige Bischöfe bei uns fanden, es könne ein großer Schaden für unsere Kirche entstehen, wenn man sich denen widersetze, und es sei sogar gegen die Nächstenliebe!

Gab es solche kirchlichen Bewegungen der „Befreiung", der „Option für die Armen" auch in anderen armen Kontinenten wie etwa Afrika oder Asien? Gab es von den dortigen Bischofskonferenzen irgendwelche Unterstützung für den lateinamerikanischen Weg?

Soweit ich weiß, nicht.

Gar nichts?

Nein. Wir wurden sogar zu so etwas wie deren Fürsprecher. Eine gewisse Sympathie wurde uns von deren Kirchen später entgegengebracht. Aber zu Beginn? Kein Gedanke! Übrigens hätte das natürlich viel geholfen. Aber es geschah nicht. Kein afrikanischer Bischof ließ sich blicken, auch keine asiatischen. Das war schade.

Kann man sagen, dass die 4. Generalversammlung der lateinamerikanischen Bischöfe in Santo Domingo mehr von Rom als von den lateinamerikanischen Bischöfen und den lokalen Realitäten bestimmt wurde?

Ganz eindeutig! Aus diesem Grund wurde Santo Domingo auch zu einem Reinfall. Aber es fing ja schon in Puebla an, dass man die Ideen von Medellín ungeschehen machen wollte. Das gelang aber nicht. Und deshalb begann Rom, Santo Domingo massiv zu dominieren. Der Heilige Stuhl hätte ja auch Kardinal Pironio – Präfekt einer römischen Kongregation – als einen der Ko-Präsidenten der Konferenz schicken können, weil er aktiv in Medellín mitgemacht hatte und ihr

Sekretär gewesen war. Man wollte unsere Konferenz in Santo Domingo ganz klar torpedieren. Aus Rom kam eine strikte Verordnung, wie diese zu funktionieren habe, wohingegen bei den vorangegangenen Konferenzen die lateinamerikanischen Bischöfe mit dem Ablauf beauftragt worden waren. Ich erinnere mich noch sehr gut daran, dass mich ein Journalist interviewen wollte und ich ihm sagen musste: „Ich kann Ihnen leider noch nichts sagen, weil ich gar nicht weiß, was ich sagen soll. Ich habe bis jetzt keine genaue Idee, was man mit dieser Konferenz überhaupt beabsichtigt.“

Woran lag es, dass die Konferenz von Puebla diesem Druck standhalten und das Vermächtnis von Medellín retten konnte?

In der Tat gab es diesen Druck aus Rom, doch war er noch nicht so heftig wie in den darauf folgenden Jahren. Die große Mehrheit unserer Bischöfe wollte, dass Puebla die Weiterführung von Medellín sei. Das war sehr klar. Lediglich eine kleinere Gruppe wollte die Formulierung *vorrangige Option für die Armen* unter den Tisch kehren. Wäre das aber geschehen, wäre es unheilvoll gewesen, weil sich der CELAM damit unglaubwürdig gemacht hätte – sowohl in den pastoralen Optionen als auch in den politischen Fragestellungen. Wir wussten, was wir wollten, auch gegenüber den lateinamerikanischen Politikern, und wir standen in Dialog selbst mit Präsidenten. In Puebla zum Beispiel besuchte ich selbst den mexikanischen Präsidenten, um mit ihm zu sprechen. Damals sorgten sich die Staaten um ihre *Doktrin der nationalen Sicherheit,* in der Menschenrechte hintan standen. Das motivierte uns Bischöfe und schweißte uns zusammen, denn in dem Punkt waren wir sehr sensibel! Was das anging, wusste die Konferenz von Puebla genau, was sie wollte. In Santo Domingo war das schon ganz anders. Dort waren mehr Vertreter der römischen Kurie anwesend, für die gute diplomatische Beziehungen zu den Regierungen wichtig waren. Das Hauptinteresse Roms ist immer, die Kirche zu verteidigen. Aber es geht um mehr, denke ich. Santo Domingo war ein großer Rückschritt. Der jetzige Papst, wenn er noch eine Vision für die Zukunft hat, wird die kollegiale Kirche annehmen müssen. Je mehr die Kirche zentralisiert wird, desto schlimmer für sie, weil die Kollegialität verschwindet. Ob der Papst will oder nicht, Kollegialität ist im Grunde eine demokratische Praxis, in der alles von allen entschieden wird. Die Idee der *Teilhabe und Gemeinschaft,* wie sie in Puebla entwickelt wurde, ist gut. Diesen Weg dürfen wir nicht aus den Augen verlieren, wenn wir von Befreiung sprechen.

Zur Rolle der Theologen und religiösen Strömungen

Inwieweit kam die Option für die Armen von den Bischöfen selbst? Oder kann es sein, dass die Bischöfe nur auf Forderungen der Gläubigen, des Gottesvolkes reagierten?

Persönlich glaube ich, dass die Option für die Armen hier in Lateinamerika von den Theologen der damaligen Zeit ausging. Sie waren es, die Druck auf die Bischöfe ausübten. Wer Medellín inspirierte, waren nicht so sehr die Bischöfe, sondern die Theologen. Daher hatten wir später in Puebla sehr große Sorge, dass uns zu wenige Theologen zur Verfügung stünden, weil man sie in die Ecke zu stellen versuchte. Wir hatten dort auf einmal ein eigenartiges Phänomen: Eine Gruppe von theologischen Beratern, die für das Leben der Kirche und für die Orientierung einiger Bischöfe sehr wichtig sind, musste die Generalversammlung *von außen* begleiten! In Medellín jedenfalls verfügte ein Großteil der Theologen über gute Kontakte zu den Bischöfen, die über deren Hilfe sehr glücklich waren, weil sie für die damalige Zeit den richtigen Ton fanden. Bald danach gab es aber erste Bedenken, sowohl aus Rom als auch von bestimmten Kreisen der Ortskirchen, die sich darüber beschwerten, wie in Lateinamerika Theologie betrieben wurde. Ich denke, die Ortsbischöfe müssten das Recht haben, ihre Theologen selbst auszuwählen, wie zum Beispiel Gustavo Gutiérrez, Clodovis Boff oder Antônio Moser. Was das angeht, war Santo Domingo ein Reinfall. Ich habe mich dort geschämt. Ich sehe noch einen Theologen in unserer Gruppe, der wusste gar nichts! So waren auch die anderen, alle sehr schwach. Schade! Die Stimmen der Theologen in Medellín aber hatten Gewicht. Es würde sich lohnen, die theologischen Arbeiten jener Zeit zu studieren, um den damaligen Geist vertiefen zu können.

In den 1990er Jahren sagte der damalige Erzbischof von Fortaleza, Dom Claudio Hummes, auf einem Treffen der Basisgemeinden: „Wir haben für die Armen Option ergriffen. Aber die Armen machten keine Option für uns. Sie optierten für die protestantischen Sekten." Wenn wir Dom Claudio glauben, müssten wir eingestehen, dass diese vorrangige Option in ihrem pastoralen Aspekt zwiespältig ist, wenn es ihr wirklich nicht gelingt, die Volksmassen der katholischen Kirche zur Kirche zu bringen?

Man darf die Pastoral nicht nur am Ergebnis messen. Ich betrachte die Frage aus einem anderen Blickwinkel. In den zitierten Worten erkenne ich einen persönlichen Widerstand gegen ein Engagement, das die Option für die Armen von uns selbst fordert: das Zusammenleben des pastoral engagierten Menschen mit den Armen. Wenn dieser Geist fehlt, sich unter die Armen zu mischen, dann ist klar, dass ein anderer Ausweg gesucht wird, spiritualistisch, nicht engagiert. Ich glaube nicht, dass die Sekten so gefährlich sind, wie einige glauben machen wollen. Mir gefiel es auch nicht, als uns der Heilige Vater bei unseren Ad-Limina-Besuchen vorhielt, wir würden zu wenig gegen die Sekten tun. Wenn uns etwas an Ökumene gelegen ist, dürfen wir eine solche Haltung nicht einnehmen.

Was also fehlte der Kirche in ihrer Option für die Armen?

Die Kirche muss sich ein bisschen mehr dem Leben der Armen anpassen. Das erfordert aber einen Wandel in ihrer Praxis. Was für mich auf dem Spiel steht, ist: Es gibt viele in der Kirche, die fühlen sich am wohlsten in der High Society. Mit den Füßen auf dem Boden bei den Armen haben sie es nicht so. Da ist was falsch. Wir ergreifen diese prophetische Option für die Armen, also müssten wir auch alles dafür riskieren! Die Tatsache, dass viele Menschen zu den neuen Kirchenströmungen überwechseln und dies der Option für die Armen zuschreiben, scheint mir falsch. So einfach ist es nicht, das Phänomen der Sekten zu erklären. Es gibt unter uns viel Furcht, dem Armen die Hand zu reichen. Ich kam durch so viele Orte und sah, wie man sich zurückzieht. Darunter leide ich. Unsere Kirchgänger sind nicht die Armen. Die Kirche der Armen ist ein Zukunftstraum, den wir entschlossen zu verwirklichen suchen müssen.

Wie fühlen Sie sich persönlich mit Blick auf diese geschichtliche Chance – zu der Sie selbst mit beitrugen –, die Kirche in eine neue Richtung zu führen, die jedoch von einer Großzahl der Gläubigen und Kleriker nicht angenommen und genutzt wurde. Welche Gefühle weckt das in Ihnen, und wie ertragen Sie das jetzt im Alter?

Ja, es macht mich sehr traurig, weil ich weiß, dass die Kirche eine gute Orientierung an die Hand gab. Aber wir wussten unsere großen Chancen nicht zu nutzen. Meiner Meinung nach sollten wir den Sekten nicht so viel Gewicht beimessen, wie es zur Zeit getan wird. Wir sollten mehr Gewicht auf eine Kirche *ad extra* legen als auf eine Kirche *ad intra.* Die große Versuchung für uns ist, dass wir uns in inneren Angelegenheiten verlieren, ewig mit uns selbst beschäftigt sind und nur eine Nabelschau halten. Wo bleibt der Kontakt zum Volk? Da liegt unsere große Schwäche. Bei meinen Besuchen in den Familien der Basisgemeinde-Leiterinnen und -Leiter oder bei Straßenkinderprojekten habe ich gesehen, wie die Gegenwart von Christen in der Welt der Armen Licht in der Finsternis bedeuten kann. Ich fühlte mich in der Gegenwart dieser Menschen direkt anders. Traurig, dass viele Priester sich in der Sakristei *verschließen.* Wir sind zu wenig engagiert in der Pastoralarbeit. In der Sakristei findet keine Pastoral statt, die das Volk erreicht und uns dem Volk näher bringt. Wir brauchen mehr Missionsgeist! Wir sind zu verschlossen: Tagsüber ist die Kirche abgeschlossen, abends öffnet sie zur Messe – und danach schließt sie wieder! Es fehlt das missionarische, apostolische Element, eine Kirche zu wollen, die nicht auf sich selbst schaut, sondern in die Welt hinausgeht. Eine solche Kirche hätte reiche Schätze. Aber das ist nicht unser Normalzustand. Normal ist heute, sich um die Schäflein zu kümmern, die immer schon da waren, nicht um die anderen. Das macht mich traurig! Man hat es einfach nicht kapiert! Es gibt zwei Herausforderungen, die nicht angenommen wurden: die vorrangige Option für die Armen und die Organisation der Basisgemeinschaften. Das ist schlimm! Der Klerus begleitet die Basisgemeinden nicht. Es herrscht immer noch die Idee von jenen katholischen Bewegungen, von großen Massenveranstaltungen vor, die allesamt keine Probleme lösen. Es muss Gruppen geben, die sich mit den Problemen befassen und nach wirklichen Lösungen suchen. Eine Führungspersönlichkeit, egal ob Frau oder Mann, kann inmitten des Volkes großen Einfluss ausüben. Das fehlt!

Hätte die Befreiungstheologie in einem solchen Fall, wenn sie mehr die Realität der Welt als die kircheninterne Realität betont hätte, nicht eine gewisse Aversion des kirchlichen Lehramtes heraufbeschworen?

Ich weiß nicht, ob es eine Aversion gibt. Tatsache ist, dass die Menschen, die Angst vor der Befreiungstheologie haben, diese mehr wegen einer marxistischen Beeinflussung haben, die den Klassenkampf fördern könnte. Im Grunde heißt das Problem: *Klassenkampf!* Die Kritiker der Befreiungstheologie denken nicht in Kategorien wie *Kirche als Sakrament des Heils* oder *Reich Gottes.* Sie haben Angst, man könne den Fortschritt kommunistisch-marxistischer Tendenzen schüren. Wenn man die Dokumente *Libertatis nuntius* (1984) und *Libertatis conscientia* (1986) liest, die in Rom von der Kongregation für die Glaubenslehre über die Befreiungstheologie veröffentlicht wurden, dann spürt man darin diese Angst. Der Vatikan befürchtet, dass die Befreiungstheologie zur Entfachung des Klassenkampfes beiträgt. In Wirklichkeit aber ist das Gegenteil der Fall! Der Vatikan will in der Tat die soziale Situation im Lichte des Glaubens klar darlegen: Wie muss ich als Christ über diese und jene Situation urteilen, und wie komme ich da heraus? Natürlich immer im Lichte des Evangeliums! Das macht die Befreiungstheologie aus. Alles Weitere sind Spekulationen. Die Theologen wollten nichts weiter, als nach pastoralen Lösungen für die Probleme der damaligen Zeit zu suchen, die uns auch heute noch bedrängen. Aber leider geistert in den Köpfen vieler noch der Satz von 1984 herum: „Der Heilige Stuhl hat verboten!“ In Wirklichkeit hat der Heilige Stuhl nicht verboten! Der Papst selbst gab uns das Dokument von 1986 und schreibt dazu: „Die Befreiungstheologie ist nicht nur nützlich. Sie ist auch notwendig, insofern es dabei um Theologie geht.“ Das wollen wir. Ich erkenne also keine Aversion vonseiten des kirchlichen Lehramtes, zumindest nicht wegen zu großer Zuneigung zu sozialen Fragestellungen. Meiner Meinung nach, was bei denen immer mitschwingt, ist Angst: Angst vor marxistischem Einfluss!

Wo liegen die positiven Elemente der Befreiungstheologie für die Geschichte der Theologie im Allgemeinen und für die pastorale Entwicklung im Aufbau einer lateinamerikanischen Kirche im Besonderen?

Ich glaube, die Befreiungstheologie setzte die Theologie in Leben um und gab der Glaubenserfahrung ein Gesicht. Das Positive ist, dass sie von der eigenen Realität ausgeht und hinführt zu einer Pastoral, die mit dem Leben des Volkes zu tun hat. Für mich gründet diese Theologie ganz in der pastoralen Konstitution *Gaudium et spes.* Ich träume noch von ihrer Neuformulierung. Ihre Aktualisierung würde sich lohnen. Im Jahr 2005 spielte *Lumen gentium* eine große Rolle. Es war gleichzeitig das 40-jährige Jubiläum von *Gaudium et spes,* jener Konstitution, die so sehr mit dem Zweiten Vatikanischen Konzil in Zusammenhang gebracht wird. Und warum? Weil sie sich auf das Leben des Volkes bezieht. Und genau das tut die Befreiungstheologie auch: Sie kümmert sich um die Schmerzen des Volkes. Der Anfang von *Gaudium et spes* drückt sehr gut aus, was die Kirche will: nämlich mit dem wirklichen Leben des Volkes in Berührung treten und ihm den Balsam des Glaubens bringen, jene Frohe Botschaft, die wir verkünden möchten. Wenn wir diese Intention nicht haben, brauchen wir nicht den Mund aufzumachen. Ich kann schön predigen, schön sprechen und doch weit entfernt sein von den Problemen, die das Volk bedrücken. Die Befreiungstheologie brachte ein für alle Mal die Probleme des Volkes in die Kirche ein. Immer gibt es Widerstand, den ich nicht verstehe. Wirklich, ich kann das nicht begreifen, bis heute verstehe ich das nicht! Ich sprach auch in Europa darüber, zwei-, dreimal. Einmal, es war in Brescia, da sprach ich über diese Thematik, und das Volk war erleichtert, beglückt. Es hatte verstanden, dass wir uns mit realen Problemen unseres Volkes beschäftigen und zu helfen versuchen. Wir wollten nicht wie Opium für das Volk sein, sondern von einem lebendigen Glauben her das Leben unseres Volkes mitgestalten.

Der damalige Kardinal Ratzinger betonte immer in seinen Publikationen, dass die Befreiungstheologie wegen der Einflüsse einer dialekti-

schen Philosophie und der Fortschrittsidee falsch sei. Auch weil sie auf mögliche Problemlösungen bestand, das heißt, dass für uns Menschen alles machbar sei. Er betonte, das Wesen der christlichen Theologie bestehe darin zu wissen, dass Befreiung und Heil nicht dasselbe sind und dass Heil nur als göttliches Gnadengeschenk empfangen würde. Keinerlei menschliche Gesellschaft sei imstande, es zu bewirken. In Wahrheit sei die Befreiungstheologie Ausdruck der Krankheit unserer Zeit, des Modernismus, der glaubt, der Mensch könne und müsse alles alleine machen. Haben Sie darauf eine Antwort?

Kardinal Ratzingers Sicht der Dinge habe ich nie verstanden, weil er die Begriffe *Befreiung* und *Heil* vergleichend nebeneinander stellte. Worte sind Worte. Ich kann ihnen diese oder jene Bedeutungen beimessen. Aber wir wollen eine Befreiung, die zugleich Heil bedeutet. Heil und Befreiung soll heißen, den Blick auf den Körper und auf die Seele zu richten. Wir wollen, dass es dem Menschen materiell gut geht und spirituell auch. Es ist mir klar, dass wir nicht alles durch eigene Kraft erreichen können. Aber wir müssen zuerst unseren Beitrag leisten: Gnade zusammen mit menschlicher Anstrengung! Beides muss Hand in Hand gehen. Auch unsere Befreiungstheologen bestehen darauf. Wir in Lateinamerika leben in einer Situation permanenter Armut. Wir diskutieren immer wieder über Entwicklung, über Länder auf dem Wege der Entwicklung. Das aber beruht auf einer kapitalistischen Idee! Aus diesem Grund ziehen wir den Begriff *Befreiung* vor, darin enthalten ist das Engagement eines jeden einzelnen, damit er sich seiner Würde als Bürger und menschliche Person bewusst wird und als Mitarbeiter an seiner Befreiung und so mitwirkt am Aufbau unserer heutigen Gesellschaft. Das geht scheinbar nicht in die Köpfe einiger rein!

Die Bedeutung des Gottesvolkes

Irrte die Befreiungstheologie, weil sie sich für eine mögliche Demokratisierung der kirchlichen Strukturen einsetzte? Wie soll man die These von Leonardo Boff in seinem Buch „Charisma und Macht“ verstehen, dass nämlich die Kirche Christi es verdiene, auf einem Weg der effektiven Teilnahme der Gläubigen, des Klerus und der Laien fortzuschreiten? Diese These wäre einer der Gründe gewesen, weshalb man gegenüber dieser Theologie einen gewissen Abstand eingenommen habe und ihr mit Misstrauen begegnet sei.

Ja, so ist es leider. Doch uns allen muss klar sein, dass es für die Kirche ein Segen wäre, wenn wirklich alles demokratischer zuginge. Ich benutze das Wort *demokratisch* nicht im Sinne von Wahlen, von Mehrheiten und Minderheiten. Darum geht es nicht, wohl aber darum, die ganze Kirche zu mobilisieren in der Weise, wie unser Herr den Menschen erneuern will. Dieser Weg wird beschritten durch Gemeinschaft und Teilhabe. Der Zentralismus in unserer heutigen Kirche muss überdacht werden. Wir kommen beispielsweise nicht voran im ökumenischen Dialog. Hierarchie ist zwar wichtig, aber sie bedeutet nicht, alle lebendigen Kräfte in der Kirche zu absorbieren, sondern sie mit einzubeziehen. Je mehr wir uns einbringen können – und alle Getauften müssen das! –, desto bereichernder wird das kirchliche Leben. Die Befreiungstheologie bemüht sich wenigstens darum. Sie sucht praktische Wege, auf denen das ganze Volk Gottes gehen kann, um fortzuschreiten und seinen Platz in der Kirche einzunehmen. Die Kirche muss sich viel mehr öffnen. Die Befreiungstheologie würde dabei helfen, weil sie hinterfragt. Ich meine, wir brauchen eine Kirche, die mehr auf horizontaler denn auf vertikaler Ebene funktioniert. Ihre Struktur ist ganz und gar nicht eine göttliche Institution, sie ist in Teilen unsere, eine menschliche Konstruktion und kann sich daher ändern. Wir haben bisweilen strenge Gesetze in der Kirche, die ohne Weiteres diskutierbar wären.

Das 20. Jahrhundert brachte uns eine bedeutende Weiterentwicklung der christlichen Theologie, sowohl was neu aufgekommene Themen angeht als auch in Bezug auf neue Methoden. Man könnte die „neue französische Theologie“[8] *erwähnen wie auch die Neuorientierung*

[8] Eine Richtung in der französischen Theologie, die seit den 1930er Jahren das Verhältnis von Glaube und Wahrheit, Natur und Gnade und Geschichtlichkeit in Dialog und Auseinandersetzung mit der zeitgenössischen Philosophie bearbeitete. Zunächst als Modernisten diffamiert, wurden ihre Vertreter während des Zweiten Vatikanischen Konzils zu wichtigen Impulsgebern der Erneuerung der Kirche. Zu ihnen gehörten u.a. Marie-Dominique Chenu,

deutscher Theologen auf dem Gebiet der historisch-kritischen Exegese und der systematischen Theologie. Dann gab es eigene theologische Strömungen in anderen Kontinenten, wie etwa die Befreiungstheologie in Lateinamerika. All diese Strömungen beeinflussten die Öffnung der Kirche in der Zeit des Zweiten Vatikanischen Konzils. Bald darauf jedoch kam es zu einer schrecklichen Wende: die Verfolgung kritischer Theologen. Wir denken da etwa an den Schweizer Hans Küng, an den in Holland wohnhaften Belgier Edward Schillebeeckx und an unseren Leonardo Boff. Wird es künftig mehr Offenheit geben für neue Gedanken, neue Ideen, neue theologische Methoden?

Ich denke, das wird unbedingt notwendig sein. Wenn wir an den ökumenischen Dialog denken oder mehr noch an den interreligiösen Dialog, der uns noch mehr Einsatz abfordert, müssen wir uns öffnen. Es werden auch noch mehr neue Theologien wachsen. Die *Theologie über die Religionen,* denke ich, wird für die Zukunft sehr vielversprechend sein. Wir studieren jede religiöse Strömung und entdecken dabei viele positive Elemente. Was ich allerdings noch interessanter finde, ist, dass die Kirche heute zulässt, dass sie sich anreichern kann mit Elementen anderer Religionen. Wir anerkennen immer mehr die Gegenwart Gottes in der ganzen Skala der auf der Welt verbreiteten Religionen. Ich glaube, die Theologie wird Riesenschritte machen. Zur Zeit jedoch befinden wir uns theologisch in einem Stillstand. Ich will nicht behaupten, unsere Theologen seien müde, nein, aber ziemlich verzweifelt und verängstigt! Und diese Angst ist nicht gut. Als ich bei der CNBB noch in einer theologischen Kommission tätig war, sprachen wir oft über diese lähmende Angst. Eine solche Angst darf nicht sein, sie schadet. Das Lehramt dürfte nicht eine solche Angst einflößen! Wenn die Theologen nicht mehr zu schreiben bereit sind, wenn sie keinen Mut mehr haben, den Mund aufzutun, dann treten wir auf der Stelle. Eigenes Denken kommt zum Stillstand. Statt die Theologie Lateinamerikas zu fördern, wurde sie zum Schweigen gebracht. Daher hat heutzutage keiner mehr Mut zu sprechen. Diese Situation muss sich ändern. Und sie wird sich ändern!

Yves Congar, Henri de Lubac und Teilhard de Chardin. Chenu wurde wegen seiner Unterstützung der Arbeiterpriester kritisiert; Congar setzte sich mit dem Marxismus auseinander.

Hoffnungsträger Basisgemeinden

In den bischöflichen Dokumenten der Jahre 1970 bis 1980 werden Basisgemeinden immer sehr positiv als Erfahrung christlicher Basis-Evangelisierung dargestellt. Das spricht von einer breiten Unterstützung und für die Schirmherrschaft der Basisgemeinden durch einen Großteil der Bischöfe Lateinamerikas. Sie bekannten sich damals auch zu den Basisgemeinden und förderten sie. Was war für diese Bischöfe das Besondere an den Basisgemeinden?

Ich glaube, die Bischöfe Lateinamerikas sahen in den Basisgemeinden die Möglichkeit, dass sich die Christen, alle Getauften positiv zu ihrem Glauben bekannten und durch den Glauben befähigt wurden und Kraft erhielten, die Gesellschaft zu beeinflussen. In den Basisgemeinden wurde die Wirklichkeit diskutiert, aufgeklärt. Um es mal so zu sagen: Man fasste die Probleme an den Hörnern. Diese ganze Art, in der Öffentlichkeit Präsenz zu zeigen, gab uns allen große Hoffnung: ein lebendiges Christentum, authentisch und mitten in der Welt von heute. Es muss mehr Mitverantwortung geben und gegenseitiges Vertrauen wachsen. Wenn ich diese Basisgemeinden besuchte, erlebte ich immer einfache Menschen, Frauen und Männer, die sich engagierten und das Gute suchten – nicht egoistisch für sich, sondern für alle, für die Kirche, für die Welt. Deshalb bin ich überzeugt, dass die kleinen Basisgemeinden eine große Hoffnung waren – und immer noch sind!

Welche Rolle spielt der Klerus in den Basisgemeinden? Warum ist es nicht gelungen, einen einheimischen Klerus für die Pastoral in den Favelas, in den Elendsvierteln der Vorstädte auszubilden? Ist der Eindruck richtig, dass viele Ordensfrauen und -männer und sogar viele Bischöfe, die am meisten mit den Menschen am Rande der Gesellschaft leben, vornehmlich Ausländer sind? Wie erklären Sie dieses Phänomen?

Tatsache ist, dass in unserem Klerus das Interesse der Kirche an der Welt sehr abgenommen hat. Viele Priester haben in ihren Sakristeien Wurzeln geschlagen. Was diese Tendenz des Rückzugs mit Sicherheit förderte, war das oft wiederholte Bestehen des Papstes, dass die Mission der Kirche nicht eine politische, sondern eine religiöse sein müsse. Viele Priester haben da sicher gedacht: „Gut, wenn die Kirche schon nicht mitreden darf in politischen, sozialen, ökonomischen und kulturellen Fragen, dann verziehe ich mich in meine Sakristei.“ Es ist offensichtlich, dass man hier den Papst sicher nicht richtig verstanden hat.

Was wäre denn der erste Schritt eines jeden Priesters hin zum Volk?

Ein Besuch in den Familien! Das fehlt unsererseits. Denn so tritt man in Kontakt mit dem Leben, in *lebendigen* Kontakt mit den Problemen, die eine Familie durchleidet, diese Kinder, diese Jugendlichen, dieser Mann, diese Frau. In Kontakt zu kommen mit dieser Realität, bringt die pastorale Sorge voran. Das aber geschieht nicht. Wir sind nicht mit dem realen Leben der Menschen verbunden.

Typisch für Basisgemeinden ist, ihre Liturgie selbst zu gestalten. Es gibt die priesterlosen Gottesdienste, die Bibellesung mit Auslegung vom Volk selbst. Die (Kirchen-)Musik brachte neue Liedermacher hervor, Poeten oft, die in wunderbarer Schönheit den Glauben des Volkes evangelisierend zum Ausdruck bringen. Die offizielle Kirche aber liebt diese „Freiheit des Ausdrucks“ nicht. Wie sehen Sie diese Spannung zwischen kreativem Glaubensausdruck der Basisgemeinden und offizieller römischer Liturgie?

Ich frage mich immer wieder neu: Warum muss es so viele offizielle Vorschriften geben, bis hinein in kleinste Details? Warum lässt man nicht mehr Freiheit zu? Warum anerkennt man nicht, was bereits praktiziert wird und mit welchem christlichen Geist es praktiziert wird?! Man darf die festlichen Feiern in den Basisgemeinden nicht verwechseln mit Karneval. Alles hat zu tun mit dem eigenen Leben, mit der eigenen Kultur. Von daher ist es Ausdruck eines besseren Verstehens für alle. Die Intervention von oben ist für mich sehr hart. Sie schreibt uns die Riten bis in kleinste Details vor. Es müsste viel mehr Flexibilität geben. Das Zweite Vatikanische Konzil bestätigt in der Konstitution über die Heilige Liturgie *Sacrosanctum Concilium,* dass der Ortsbischof die Linie festlegt und mithilfe von Priestern, Ordensleuten oder Laien durchsetzt. Das führte dazu, dass wir heute wieder unter einem starken Zentralismus leiden.

Auf einer Versammlung von Ordensleuten vor 15 Jahren äußerten Sie den markanten Satz: „Die große Herausforderung für die Weltkirche des 21. Jahrhunderts wird nicht Glaube und Politik sein, sondern Glaube und unterschiedliche Kulturen. Die große Herausforderung für die Kirche dreht sich also um die Frage: Wie soll das eine Evangelium in den unterschiedlichen Weltkulturen ausgedrückt werden?" Könnten Sie uns dazu etwas sagen?

Hier geht es um ein grundsätzliches Problem der kirchlichen Strukturen. In einem gewissen Moment der Kirchengeschichte erfanden wir ein vertikales Denksystem, das heute keinen Sinn mehr hat. Vielleicht war es sinnvoll, als es erschaffen wurde, meinetwegen. Aber in der Welt von heute? Es ist unmöglich! Komisch, Papst Johannes Paul II. bat bei seiner Eröffnungsrede auf der Generalversammlung von Santo Domingo darum, dass das Thema der verschiedenen Kulturen vertieft werden solle. Doch später, als die Generalversammlung diesbezügliche Orientierungen vorlegte, bekamen viele Bischöfe kalte Füße.

Hat nicht das Christentum im Laufe seiner Geschichte immer zwei verschiedene Lebensrichtungen in sich geborgen: einerseits der Flügel der großen Masse, die eine richtungsweisende Zentralregierung wollten, und andererseits der kleinere Flügel mit Minderheitsgruppen und einem größeren Bewusstsein, fähig zu eigenem Denken und Gehen?

Ich glaube, viele Christen haben Angst, Eigenverantwortung zu übernehmen. Sie fühlen sich entlastet durch die Orientierung von Vorgesetzten. Auch wenn sie nicht allem zustimmen, sagen sie: „Man befielt mir, dies oder jenes zu tun. Also tue ich es." Doch eigene Verantwortung zu übernehmen, ist viel schwieriger. Und das ist ein neurotisches Problem unserer Kirche. Wir arbeiten mehr mit Massen als mit ausgewählten Gruppen. Aber eigentlich müssten wir mehr mit kleineren Gruppen arbeiten. Wir fühlen uns wohl, wenn zwei- oder dreitausend Menschen versammelt sind. Aber niemanden interessiert es, ob diese auch wirklich den Glauben in Selbstverantwortung übernehmen. *Wir* müssen diese Mitverantwortung in jedem Menschen fördern.

3. Lokale Perspektiven

Dom Aloísio: Hirte der Armen

von Pater Manfredo Araújo de Oliveira

Dom Aloísio Lorscheider war Professor der Theologie in Rom, als ihn seine Wahl zum Bischof von Santo Ângelo, seinem Heimatland, überraschte. Ein radikaler Kurswechsel in seinem Leben! Von jetzt an sollte er nicht mehr einfach nur der seriöse intellektuelle, akademische Arbeiter sein, schöpferisch und frei, der versuchte, die Botschaft des Evangeliums und der kirchlichen Tradition in die heutige Welt zu übersetzen. Er sollte fortan mitten in der Welt selbst, als Hirte einer Ortskirche, die Mission Jesu weiterführen. Er selbst konnte zu der Zeit noch nicht die tief greifende Wende und die mit ihr verbundenen Erfordernisse erahnen.

Ein zentrales Ereignis, exakt im Jahr seiner Ernennung, sollte endgültig seinem Leben und seiner Mission als Bischof eine neue Richtung geben: das Zweite Vatikanische Konzil und der darin geöffnete weite theologisch-pastorale Horizont. Schon in der Dankesrede bei seiner Ankunft in Fortaleza sprach er klare Worte, wie er das kirchliche Leben sieht und wie er sein Hirtenamt ausüben möchte: „Die kirchliche Gemeinschaft der Gläubigen ist kein Eigentum eines Bischofs. Der Bischof ist kein Feudalherr, sondern Diener einer Kirche, die sich selbst als Sakrament des Gottesreiches versteht, das heißt als eine Vergegenwärtigung der Wahrheit und der unendlichen Liebe Gottes zu jedem menschlichen Geschöpf." Das hat weitreichende theologisch-pastorale Folgen: Die Kirche darf sich nicht auf sich selbst beziehen. Vor allem darf sie nicht Macht, Reichtum und Prestige suchen. Sie muss sich der Welt zuwenden, den Menschen, dem Verstehen ihrer Lebenssituationen. Sie muss den Schmerz, das Leid und die Suche nach Lebensfülle mit den Menschen teilen, denn ihre Botschaft ist die Botschaft Gottes. Jeder Mensch und die ganze Menschheit wurden von Jesus angenommen – in der unendlichen Vaterliebe zu seinem Sohn und in der Einheit des Geistes.

Jesus bezeugte in seinem Leben diese Liebe bis zur Vollendung und zeigte den Menschen, dass das Übel, das unser Leben bedroht, besiegt werden kann. Durch seinen Tod und seine Auferstehung entriss der Geist Gottes dem menschlichen Leben das Böse, das Quelle allen Übels unter den Menschen ist. Aus dem Grund können wir die Angst überwinden, dass das Böse über uns siegt, und wir können die Hoffnung hegen, die uns Mut und Kraft gibt, die Welt mit den Werten des Gottesreiches zu verändern. Die Kirche ist in der Geschichte der Menschheit das Sakrament, das diese neue Menschheit – verwurzelt in Reich-Gottes-Beziehungen und einer grenzenlosen Geschwisterlichkeit – aufbaut und vorwegnimmt. Deshalb muss die Kirche sich zur großen Utopie des Gottesreiches bekehren und Zeugnis geben von diesem neuen Lebensprojekt. Das gelingt ihr durch ihre Organisation und Disziplin, durch ihre Strukturen, durch ihre Liturgie, durch ihr prophetisches Wort in allen Lebenssituationen, die von Frauen und Männern durchlebt werden.

Dom Aloísio war stets darum bemüht, die Kirche von Fortaleza im neuen Geist des Konzils umzuwandeln, ohne Machtworte oder Anweisungen von oben. Ihm war sehr wohl bewusst, dass die geistige Orientierung auf Rom im 19. Jahrhundert mit seiner Betonung der kirchlichen Hierarchie ganz stark die Gründung des Bischofssitzes in Ceará geprägt und im religiösen Verständnis und Bewusstsein des Volkes tiefe Wurzeln geschlagen hatte. Aus diesem Grunde zeigte Dom Aloísio mit viel Geduld und vor allem mit seinem eigenen Lebenszeugnis eines einfachen und demütigen Bischofs, dass er nicht der *Fürst* ist, der noch in den Köpfen vieler Menschen schwirrt, sondern der unermüdliche und uneigennützige *Diener* einer Kirche, die sich als Volk Gottes erleben sollte: „der gute Hirte, der sein Leben hingibt für seine Schafe“ (Johannes 10,11). Deshalb entstanden in der Erzdiözese nach und nach die verschiedenen Arten von Räten und Diözesanversammlungen. Diese ermöglichten das, was Dom Aloísio als *befreiende Teilnahme aller in einer gemeinsamen Mission* bezeichnete. Kirche sein bedeutet an erster Stelle ein geschwisterliches Miteinander, deshalb bestand er auf der sogenannten *pastoral de conjunto* – eine Pastoral, in der sich alle einbringen und mitbestimmen können und gemeinsam den zu gehenden Weg bestimmen. Durch sie wird sichtbar, dass alle die gleiche fundamentale menschliche Würde haben und zur gleichen Mission aufgerufen sind. Letztere wiederum zeigt sich in den verschiedenen Funktionen, in den verschiedenen Charismen, die im Geiste der Seligpreisungen übernommen werden.

In diesem Geist versucht Dom Aloísio, sich mitten im Volk gegenwärtig zu machen. Und dabei muss er schmerzvoll feststellen, dass dieses ihm anvertraute Volk unterdrückt, gedemütigt und an den Rand gedrängt wurde. Das Volk war Opfer einer brutalen Ungerechtigkeit geworden, die jahrhundertelang durch die Organisation des brasilianischen Nordostens evoziert wurde. Die Stadt Fortaleza selbst ist eine Art Schaufenster Brasiliens: Hier gibt es aufgrund einer enormen Einkommenskonzentration auf der einen Seite eine ungeheuerliche Anhäufung von Reichtümern und auf der anderen Seite eine zunehmende Verelendung einer Favela-Bevölkerung, die nicht das Geringste besitzt, um ein Leben führen zu können, dass als menschlich bezeichnet werden könnte. Die tiefe Gotteserfahrung, offenbart in diesem verstoßenen und entwürdigten Volk, machte Dom Aloísio zu einem ganz entschiedenen Streiter dafür, dass das Zweite Vatikanische Konzil in die Realität Lateinamerikas übersetzt werden müsste. Fortaleza war sein *persönliches Medellín,* und hier lernte er viel über die Mission der Kirche in einer Welt von Verelendeten: „Ich bin gekommen, damit alle Leben haben und es in Fülle haben" (Johannes 10,10). Darum war Dom Aloísio immer um das Leben des Volkes besorgt. Er wurde zu einer Figur, an die sich immer alle wandten, wenn es um die großen Fragen der Gesellschaft ging. Für alle möglichen wichtigen menschlichen Fragen bat man ihn um Rat und Orientierung. Er war auch mitten unter den Streikenden oder unter den Landbesetzern, die für Wohnraum in der Stadt stritten, und pflegte immer eine ganz besondere Liebe zu den kleinen Basisgemeinden. All das zeigt sein für die Menschenwürde engagiertes Leben, das sich an erster Stelle in seiner unnachgiebigen Verteidigung der Rechte der Armen konkretisierte, deren Würde am meisten missachtet wurde.

Dom Aloísio erhob seine Stimme im Namen Gottes mit der Zärtlichkeit und Kraft eines Propheten, um die zum Himmel schreienden Ungerechtigkeiten anzuprangern, die im Leben der Menschen im Nordosten Brasiliens offenbar wurden angesichts einer Gesellschaft, die sich an das Elend als etwas *von Gott Gegebenes* gewöhnt hatte und gefühllos gegenüber menschlichem Leid geworden war. Das religiöse Bewusstsein dieser Menschen stellte nie einen Zusammenhang zwischen christlichem Glauben und der Suche nach Gerechtigkeit her, die das Gottesreich auszeichnet. Für Dom Aloísio war das immer an erster Stelle eine Frage der Spiritualität, das heißt der Nachfolge Jesu, des armen und leidenden Messias. Deshalb stellte er sich allen Anfeindungen, die der Herr bereits seinen Jüngern und Jüngerinnen vorausgesagt hatte, mutig entgegen. Wie oft wurde er Opfer von Verleumdungen, musste sich Beschuldigungen anhören, dass er dem rechten katholischen Glauben widerspreche, legte sich mit dem Papst und dem brasilianischen Episkopat an! Immer wieder erhielt er aus vielerlei Gründen Morddrohungen. Dennoch brachten ihm bei seinem Abschied aus Fortaleza im Stadion *Castelão* alle Vertreter der Regierung und über siebzigtausend Anwesende Anerkennung entgegen. Ceará ist zwar weiterhin arm, doch die Armen sind nicht mehr die Gleichen, weil sie durch die pastorale Unterstützung von Dom Aloísio ein unerschütterliches Selbstbewusstsein durch den Glauben entwickelt hatten; ein Selbstbewusstsein bezüglich ihrer Rechte, und das verleiht ihnen die Fähigkeit, im gemeinsamen Kampf für eine bessere Welt einzutreten.

Dom Aloísio gelang es, unter uns das Gedächtnis an den Gott Jesu zurückzurufen, an den Gott, den uns Jesus als den Gott der Gerechtigkeit und des Friedens verkündete und der die unendliche Güte und Liebe ist.

***

Zum Erzbischof ernannt: neue Diözese – neue Herausforderungen – und Mitverantwortung der Gläubigen

Als Sie zum neuen Erzbischof von Fortaleza ernannt waren, beabsichtigten Sie da schon mit aller Entschlossenheit, die Hauptideen von Medellín auf die hiesigen Verhältnisse zu übertragen, oder wollten Sie zunächst einmal schauen, was hier auf Sie zukommen würde?

Natürlich hatte ich konkrete pastorale Vorstellungen. Weil ich aber aus einer völlig anderen Region kam, nämlich aus dem Süden Brasiliens, versuchte ich, mich nicht *wie ein Ochse vor den Karren spannen* zu lassen. Die Bischofskollegen Dom Miguel Câmara und Dom Edmilson Cruz halfen mir sehr bei diesem Anpassungsprozess. Vieles habe ich anfangs nicht verstanden, nicht einmal die sprachlichen Ausdrucksweisen des Volkes. Ich gab mir deshalb selbst mehr Zeit, diejenigen besser kennenzulernen, mit denen ich hier zu tun hatte. Von Anfang an schaute ich besonders auf die Erfahrungen von Aratuba mit den Priestern Moacyr und José Maria Cavalcante. Das hat mir sehr geholfen. Anfangs ging ich mehr wegen der Todesdrohungen, die die beiden immer wieder erhielten, dorthin. Dadurch lernte ich erst so richtig die gute pastorale Arbeit dieser beiden Priester mit ihrem Volk kennen, die im Aufbau von kleinen Basisgemeinden bestand. Unter vielen anderen interessanten Aspekten stellte ich fest, dass es keine festen Führungskräfte gab: Niemand war Herr über andere. Es würde sich lohnen, all das, was dort geschah, mehr aufzuwerten. Ich bin dabei, das alles schriftlich festzuhalten. Durch diese intensiveren Kontakte vermochte ich die Situation anderer, sehr hilfsbedürftiger Gebiete besser einzuordnen. Hier kam mir massiv die Pastoralempfehlung der evangeliengemäßen Option für die Armen entgegen. Ich spürte, wie wichtig es ist, sich so weit wie möglich mit dem Volk zu identifizieren. Deswegen habe ich anfangs besonders gut hingehört, bevor ich selbst den Mund auftat.

Wo kam Ihr neuer Führungsstil in der Erzdiözese Fortaleza am besten an: beim Diözesanklerus oder bei den Ordensleuten und Laien?

Die Randgebiete waren offener. Im Zentrum gab es Schwierigkeiten.

Verschiedene Male schlug ich daher einigen Priestern vor, doch mal nach Aratuba zu gehen. Niemand wollte es. Zum Beispiel fanden die Messen dort immer an wechselnden Örtlichkeiten statt, rundum, dort, wo die Leute wohnten. Das finde ich pastoral sehr interessant und klug. Im Zentrum einer Stadt wie Fortaleza findest du nur Messen um sieben, um neun, um elf Uhr … Immer das Gleiche und immer am gleichen Ort: in der Kirche. Warum feiert man nicht an verschiedenen Orten? Unter freiem Himmel? Unter Mangobäumen? Schon bei solchen Änderungen würde der Priester die Menschen besser kennenlernen. Gerade in diesem Sinne sind die Basisgemeinden sehr vielversprechend. An den Peripherien sah man genau diese Entwicklung sich vollziehen: in Pirambú, Mucuripe, Papicú, Nova Metrópole … Das Volk nahm viel intensiver teil, engagierte sich viel mehr für die eigene Befreiung.

Gab es Widerstand?

Widerstand gab es mehr zum Zentrum hin, wo es schwierig war, den missionarischen Geist zu erklären, das Auf-dem-Weg-Sein, den Ort zu wechseln … Es gibt sehr gute Leute im Zentrum. Aber sie tun sich schwer, sich in dieser neuen pastoralen Praxis zu engagieren.

Dom Aloísio, wie war ihr Verhältnis zur Kathedrale der Erzdiözese, zum Sitz mit ihren Gruppen von Domherren und dem festen Kern des Domkapitels in Fortaleza?

Ich würde sagen, wir hatten ein gutes Verhältnis. Monsignore Tito Guedes war Generalvikar, ein sympathischer Mensch, der für mich zu einer großen Hilfe wurde. Damals sprach man viel vom Bau eines Doms. Monsignore Tito war derjenige, der ihn am meisten förderte, mehr als die anderen. Manchmal war er entmutigt, und dann tröstete ich ihn mit den Worten: „Monsignore Tito, wir werden das schaffen und den Dom bauen!“ Was die anderen Domherren betrifft, kann ich nur sagen, sie alle gehörten aus Tradition einfach dazu. Aber Schwierigkeiten hatte ich mit ihnen keine. Im Gegenteil, sie gaben mir viel Unterstützung – wie etwa der Priesterrat: Der war eine große Hilfe für mich. Ich glaube, diese Gruppen sind ein großer Segen für die Kirche, weil man nicht alleine an der Spitze steht. Im Dekret *Christus Dominus* steht, dass eine Diözese Teil des Gottesvolkes ist, das den Bischöfen in Zusammenarbeit mit seinem Presbyterium anvertraut wird. Dieses *mit seinem Presbyterium* ist wichtig, weil es die Beraterfunktion betont und den Zusammenhalt der Priester. Dann gibt es noch ein anderes sehr gutes Gremium: den Pastoralrat. Darin sind alle Laien-Christen sowie die Ordensgemeinschaften vertreten. Diese Räte und Gremien sind sehr wichtig, weil der Bischof durch sie Orientierung und Rat erhält. Manchmal spricht man nur von *Beratung,* aber in Wahrheit handelte ich immer wie vereinbart. Das ist fruchtbar, sehr segensreich für die Leitung einer Diözese. Mehr noch: Alle gemeinsam übernehmen mit dem Bischof die Verantwortung. Meine Erfahrung lehrte mich, dass ich bei einem eigenmächtigen Entschluss ohne vorhergehende Beratung schlechter dastand als nach vorausgegangener Beratung, denn ich hatte nicht die Sichtweise anderer Menschen kennengelernt. Was die Organisation des Priesterrates angeht, zu dem auch die Bischofsvikare gehören, möchte ich noch sagen, dass ich sie sehr positiv sehe, weil sie in direktem Kontakt zu den Menschen stehen, mit all ihren Problemen und mit dem, was am Anfang von *Gaudium et spes* steht: „Freude und Leid der Menschen …“ Das hilft uns, mit den Menschen in Kontakt zu bleiben. Niemals hatte ich größere Probleme.

Hatten Sie nie den Eindruck, dass alle Augen auf Sie gerichtet waren, Sie „liebevoll pflegten“ – und dass vielleicht doch gleichzeitig ein Teil des Klerus die praktische Orientierung der Diözese gar nicht so gut fand?

Um die Wahrheit zu sagen: nein! Natürlich gab es Schwierigkeiten, weil zu der Zeit auch die Pastorallinien der CNBB neu waren. Alle tun sich anfangs meist schwer mit etwas ganz Neuem. Vielen gelingt es auch gar nicht, das Neue zu übernehmen. Aber, um es mal so zu sagen, ich habe keine offene Opposition wahrgenommen. Ganz im Gegenteil, ich habe mich gewundert über so viel Bereitschaft und Zustimmung. Sehr geholfen haben dabei die Generalversammlungen der Erzdiözese. Bei einigen ging es auch oft heiß her. Die Erste fand hier im Priesterseminar *da Prainha* statt. Wir merkten aber, dass viele nicht gekommen waren. So beschlossen wir gemeinsam, künftige Versammlungen in Canindé stattfinden zu lassen. Dort hatten wir dann ein oder zwei sehr konfliktreiche Generalversammlungen. Dennoch waren sie gut. Konfliktreich, weil eben die Teilnehmer die Änderungen bemerkten, und Änderungen rühren einen jeden an. Trotz allem missachtete aber niemand die getroffenen Entscheidungen. Soweit ich mich erinnere, kam es nie so weit, dass jemand mit einer Entscheidung nicht konform gegangen wäre. Und auch jetzt noch, wenn ich hin und wieder nach Fortaleza komme, erlebe ich große Zuneigung vonseiten des Klerus. Alle kommen, um ein paar Worte mit mir zu sprechen, mich kurz zu umarmen und zu begrüßen. Für mich immer wieder ein schönes Erlebnis!

Was hat das Volk wirklich von den neuen kirchlich-pastoralen Perspektiven verstanden, und was wurde getan, damit die Gläubigen sie verstehen konnten?

Es wurden viele Versammlungen auf der Pfarr- und Erzdiözesanebene veranstaltet. Immer nach dem Muster: Das Volk spricht über die Probleme seines alltäglichen Lebens, und diese werden dann dem Wort Gottes in der Bibel gegenübergestellt. Davon ausgehend, werden dann Lösungen gesucht. So kam die Bibel wieder mehr in Gebrauch, das heißt, sie wurde in das Leben des Volkes *übersetzt.* Ich weiß von einigen, die eigens das Lesen erlernt haben, nur um mit der Bibel arbeiten zu können.

Haben Sie nach organisierten Gruppen unter den Laien Ausschau gehalten?

Meine größten Verbündeten anfangs hier in der Stadt waren die Cursilho-Teilnehmer. Als ich hier ankam, befanden sich die *cursilhos de cristandade*[9] gerade auf ihrem Höhepunkt. Man zwang mich gewissermaßen dazu, bei ihnen mitzumachen, und ich tat es auch. Schließlich habe ich sie sogar unterstützt, denn sie waren ein wertvolles In-

[9] Katholische Bewegung spiritueller Erneuerung, 1949 gegründet mit dem Ziel, das christliche Leben zu erneuern. Jugendliche und Erwachsene können an den *cursilhos* teilnehmen, nachdem sie dreitägige Exerzitien mit Vorträgen, Lebenszeugnissen und Gebeten mitgemacht haben.

strument. In ihren Versammlungen konnte ich oft viele meiner Ideen einbringen, die gut aufgenommen wurden. Daraus entstand dann die ECC (= Encontro de Casais com Cristo – Begegnung der Ehepaare mit Christus). Ich weiß aber nicht, inwieweit diese Bewegung den Ideen von Medellín entsprach. Außerdem gab es viele Gruppen, die die Mutter Gottes verehrten und sehr spirituell waren. Und dann waren da noch verschiedene Jugendorganisationen, die gingen nach und nach aber wieder ein, unter anderem wegen gewisser Missverständnisse unter ihnen selbst. Was damals allgemein schwer anzutreffen war, waren Menschen, die wirklich missionarisch tätig waren, beweglich, ortsunabhängig.

Und die damals weitverbreitete „Katholische Aktion"? Haben Sie in all den Jahren in Fortaleza organisierte Gruppen angetroffen, die einen gewissen Einfluss auf die Pastoral der Erzdiözese gehabt hatten? Erinnern Sie sich an solche Kontakte?

In der Tat habe ich nichts dergleichen angetroffen. Ich habe es auch ein wenig bedauert, als in den Konzilsjahren die Gruppen der *Katholischen Aktion* aufgelöst wurden, weil ich vorher schon zu Zeiten als Franziskanerbruder immer *Fan* von ihnen gewesen war. Die brasilianischen Bischöfe lösten sie auf, mehr wegen einiger politischer Tendenzen, die sie ihr unterstellten. Ich war immer für die Katholische Aktion. Ich weiß nicht, ob es anderen Bewegungen gelang, was sie erreichte. Manchmal wünsche ich mir die Katholische Aktion zurück. Natürlich nicht mit jenem Mandat, das ihr die Hierarchie gab, sondern wegen der Methodologie, die sie anwandte und die ich für sehr gut halte. Letztens traf ich noch Lehrer und Juristen, die alle in der Katholischen Aktion groß wurden. Ein Landgerichtsrat sagte zu mir: „Es wäre gut, wenn die Bischöfe mehr auf uns hören würden. Wir sind eine Gruppe katholischer Laien und wollen uns in die Kirche einbringen, um ihr zu helfen. Aber es sieht so aus, als brauche die Kirche uns gar nicht." Sie alle sind Katholiken, die ihre christliche Mitverantwortung ernst nehmen!

Würde die Idee, die kirchliche Pastoral mehr auf die leidende Bevölkerungsschicht auszurichten, nicht eine Umstrukturierung der Erzdiö-

zese zur Folge haben müssen? Was haben Sie unternommen, um die Strukturen mehr den neuen Ideen anzupassen?

Als ich ankam, war die Erzdiözese mit vielen Nebensächlichkeiten beschäftigt. Wir versuchten, uns anzupassen, aber das klappte nicht. Die Generalversammlungen der Erzdiözese jedoch waren immer sehr gut und nützlich. In ihnen kam 1984, 1985 die Idee auf, *Bischofsregionen* zu schaffen. Sie haben immer gut funktioniert und hatten das Ziel, Pfarreien und Pastoralregionen zu einen und die Pastoral der Erzdiözese als Ganze zu dynamisieren. Jede Region bekam einen eigenen Koordinator, den Bischofsvikar. Der wurde gewählt. Mir schien, dass solche Bischofsvikare sehr gut die Funktion eines Weihbischofs übernehmen konnten. Auf diese Weise wurde auch die Teilnahme der Laien in diesen Regionen verstärkt.

Sie sagten, Aufgabe eines Bischofs sei es, zu lehren, zu heiligen und vorzustehen. Hatten Sie je einmal während Ihrer Zeit als Bischof den Eindruck, Sie wären ein Stein des Anstoßes, Zeichen des Widerspruchs, Grund für Uneinigkeit und Auseinanderfallen der Erzdiözese?

Nein, diesen Eindruck hatte ich nie. Die Priester nahmen meine Orientierung an, auch wenn das dem einen oder anderen schwergefallen sein mag. Es ist eine Frage der persönlichen Heiligung, an der wir noch intensiv arbeiten müssen. Wichtig war mir immer, dass wir alle an uns selbst arbeiten, damit die Menschen sich mit Christus vereinen und durch ihn die gegenseitige und geschwisterliche Liebe üben. Darauf habe ich viel Wert gelegt; zum Beispiel als es um die Neustrukturierung der Erzdiözese ging. Diese Idee entstand nicht in meinem Kopf, sie kam in den Generalversammlungen auf. Da wurden die Strukturen diskutiert und festgelegt. Daraufhin folgte eine Kraftanstrengung, um weit möglichst unseren Arbeitsstil festzulegen, wie etwa bei der Lehrmethode: Ich sprach nicht mehr ex cathedra, ich sprach überhaupt möglichst wenig, aber ich hörte viel hin. Das ist die Methode der Zukunft: Man geht von einer realen Existenzfrage aus. Um etwas beitragen zu können, muss man zunächst genau hinhören, abwägen und erst danach sprechen. Es ging oft so weit, dass die Leute mir sagten: „Jetzt möchten wir *Sie* hören." Die von uns eingeführten Strukturen müssten allerdings neu überdacht werden, weil die Zahl von sechs regionalen Vikariaten aus unserer Zeit heute bei der riesigen Erzdiözese nicht mehr reicht.

Kann es sein, dass Ihrerseits unbewusst eine Strategie entwickelt wurde, die Dinge zu dirigieren, um indirekt – durch Generalversammlungen, Ausarbeitung von Plänen, durch Studien und Analysen – ans Ziel zu kommen? Welches Gewicht wurde in diesen Jahren der Auswahl von Beiräten – Frauen und Männern – für die Generalversammlungen der Erzdiözese beigemessen?

Gut, ich arbeitete in der Tat immer mit denen zusammen, die in der Pastoral engagiert waren. Das waren unsere vorgegebenen Räte. Ich wurde oft wegen Unterlassungen angeprangert. Aber es war meine Art, nicht bewusst etwas zu unterlassen, aber dafür die anderen sprechen und Einwände und Vorschläge einbringen zu lassen. Als ich dann in die kleinere Erzdiözese Aparecida versetzt wurde, gab es all diese Strukturen nicht. Ich versuchte den Priestern, Ordensleuten und Laien mehr Mut zu machen, sich zu engagieren. Das war schwierig. Sie wollten Befehle empfangen – und fertig! Nichts von Teilnehmen und Mitverantwortung übernehmen! Wo käme man da hin?! Leider gibt es das auch heute noch. Auch in Aparecida warfen viele mir Unterlassungen vor, nämlich dass ich mich nicht genug *einmische*. … Wir müssen Verständnis für den Weg dieser Menschen aufbringen. Man kann nicht delegieren, man muss in allem gemeinsam vorgehen. Wenn man nicht zusammen die Probleme löst, hilft das gar nichts. Manchmal erweckt das den Eindruck eines leichten Rückschritts. Als ich damals nach Fortaleza kam, waren die Menschen noch sehr geprägt durch Dom José Antônio de Almeida Lustosa. Er war von 1941 bis 1963 Erzbischof von Fortaleza und als *Kommandeur* bekannt. Manche sehnten sich noch nostalgisch nach seinen Befehlen. Heute muss das Kirchenbild ein anderes sein: Jeder einzelne muss Mit-Verantwortung übernehmen. Um das zu erreichen, hatten wir gute Beiräte und haben sie bis heute noch: Miguel Brandão, Terezinha Cruz, Dulce, Tânia Maria Couto Maia, Maria Brands … Sie gaben sehr gute Impulse, konstruktiv und sehr kritisch.

Der Geist weht, wo er will …
und die Aufgabe der Kirche

Dom Aloísio, wenn man das alles so hört – diese neue Erfahrung von Kirche, die Sie geholfen haben aufzubauen – und wenn man das mit der heutigen Realität vergleicht, dann weckt das in uns nostalgische Erinnerungen, denn es wird diesem Kirchenbild doch wieder der Rücken gekehrt. Man will zurück zum Alten, zu dem, was früher war. Wie soll man glauben, dass diese neue Art der Kirchenleitung, die neue Art zu lehren, zu heiligen, wieder möglich wird?

Ich bin überzeugt, dass, wer die Kirche in Wirklichkeit lenkt, der Heilige Geist ist. Männer und Frauen kommen und gehen, aber der Heilige Geist bleibt. Gewisse Dinge können Rückschritte bewirken. Wir erleben heute eine Kirche, die es liebt, *auf die Bremse zu treten,* um nicht zu schnell zu fahren. Aber sie fährt so langsam, dass sie praktisch stillsteht. In dieser Kirche herrscht wieder Nostalgie vor, was das Zweite Vatikanische Konzil betrifft. Das ist so. Aber ich wiederhole: Die Menschen gehen, der Geist bleibt. Hierhin passt der Rat des weisen Gamaliel: „Wenn etwas von Gott ist, könnt ihr es nicht zerstören" (Apostelgeschichte 5,39). Wir brauchen eine geschichtliche Geduld, auch wenn uns das nicht passt und wenn uns das quält und peinigt. Eigenartige Geschehnisse und auch eigenartige Gestalten zeigen sich in unserer Kirche. Aber noch einmal: Die Menschen gehen, Gott bleibt, und der Geist Gottes regiert die Kirche, er ist die Seele, die alles belebt. Die richtige Art, die Kirche zu lenken, ist kollegial, mit-verantwortlich. Diese Praxis muss sich durchsetzen. Ich glaube, so muss die ganze Kirche funktionieren. Ein gewisses Misstrauen gegen die Mitverantwortung schlägt uns beispielsweise in der Frage der Ernennung neuer Bischöfe entgegen. Oft werden Vorschläge nicht durchgeführt oder erst gar nicht angenommen. Ich aber halte das Einholen solcher Vorschläge für sehr wichtig. Ein anderes Beispiel: Neulich wurde uns das Arbeitspapier des Dokumentes der nächsten Generalversammlung aller lateinamerikanischen Bischöfe in Aparecida (2007) zugestellt. Da war es klar, dass wir gefordert waren, unsere Meinung dazu zu äußern. Das Dokument war wirklich gut gemacht, aber es gab keinerlei Anreiz, um einen Schritt weiterzukommen. Außerdem wiederholte sich vieles. Meiner Meinung nach muss jedes Dokument zunächst mit einer Bewertung der vorangegangenen Generalversammlungen beginnen: Worum ging es damals? Worum ging es in Medellín, in Puebla, in Santo Domingo, auf der Synode von 1999? Rückblickend auf das, hätte man dann gut einen Schritt weitergehen können.

Wie sehen Sie die Rolle Ihrer Weihbischöfe und Bischofsvikare? War die Dezentralisierung der Diözese in sechs Bischofsregionen richtig?

Meiner Meinung nach war das eine sehr gute Sache. Wenn die Weihbischöfe in einer so großen Erzdiözese wie Fortaleza zentral an einem Ort sitzen, dann funktioniert das nicht. Zum Beispiel: Dom Edmilson wohnte in Granja Portugal und Dom Geraldo vornehmlich in Maracanaú. Das war gut für uns, weil wir uns in verschiedenen Regionen treffen konnten. Ich wohnte da, wo auch jetzt der Erzbischof wohnt, in der Straße Senador Almino. Wenn mich die Bischofsvikare dort besuchten, hielt ich das immer für einen Segen. Und ich komme sogar zu dem Schluss: Ein Titularbischof braucht keine Weihbischöfe. Es ist wichtig, gute Bischofsvikare zu haben. Auf den Generalversammlungen der Erzdiözese gab es Forderungen vonseiten des Volkes, dass die Bischofsvikare von ihren Pfarrarbeiten befreit werden sollten. Das wäre gut, dann wären sie freier. Wenn es sie gäbe, bräuchte der Bischof sich nicht um die Weihbischöfe sorgen, denn ob man will oder nicht, es geht dabei um höhere Ausgaben der Diözese. Es kommt noch Folgendes hinzu: Der Weihbischof fühlt sich nie richtig wie ein Bischof. Er spielt immer eine etwas befremdende, untergeordnete Rolle als Hilfsbischof und hat nicht den Mut, auch verantwortlich mitzuentscheiden. Ich denke, Weihbischöfe sind überflüssig. Das kanonische Recht gibt uns die Möglichkeit, Bischofsvikare zu ernennen, die allerdings gewählt weden. Das ist sogar noch besser.

Welches Profil sollte ein Bischofsvikar haben?

Das Profil ist das Gleiche wie bei einem Generalvikar; nur dass dieser für die ganze Diözese sorgt, wohingegen ein Bischofsvikar verantwortlich ist für eine Parzelle der Diözese, aber im Grunde ist die Verantwortung gleich. Nach dem Kirchenrecht haben beide gleiche Machtbefugnisse. Mit einem guten Generalvikar und ebenso guten Bischofsvikaren wäre ein Bischof gut aufgestellt. Es wäre eine Dezentralisierung, die ich allen Diözesen nur raten kann.

Inwieweit war es notwendig, auf das Kirchenrecht zurückzugreifen, um das Pastoralleben zu dynamisieren: Pastoralzonen, Bischofsvikar, Bischofsregionen, Unterhalt?

Das kanonische Recht ermöglicht Pastoralzonen wie auch den Bischofsvikar. Aber das heißt noch lange nicht, dass alle gleichermaßen begeistert diese neuen Formen der Umstrukturierung unserer Diözese annahmen. Einer der Gründe war die ewig knappe finanzielle Situation. In der Tat gelang uns damals nicht die feste Einführung eines Zehnt. Nicht den Zehnt von zehn Prozent des Einkommens, sondern ein freier, freiwilliger finanzieller Beitrag, um die pastoralen Arbeiten bestreiten zu können. Es ist nicht unproblematisch, das Einkommen der Kirche durch die Sakramente zu sichern. Ein weiteres Problem sind die Patronatsfeste, deren Ziel auch die finanziellen Einkünfte sind. Feste sind da, um Menschen zu einen, nicht um ihnen Geld aus der Tasche zu ziehen! Die Kirche müsste lernen, nur von freiwilligen Beiträgen der Gläubigen zu leben – und Schluss!

Wie hat sich hier in Fortaleza die pastoral de conjunto, bei der alle mitmachen, entwickelt? Gab es Widerstand? Wenn ja, wo?

Die *pastoral de conjunto* wurde nur sporadisch übernommen. Wir schmiedeten gemeinsam Pläne, aber dabei blieb es. Auch in Aparecida, einer kleinen Diözese, klappte das nicht. Das Problem ist allgemein, dass die Pfarrer zusammen mit ihren Kollegen nicht alles offen auf den Tisch legen, und so lässt die *Gemeinschaft der Kirche* (Puebla) viel zu wünschen übrig.

Was wären die Gründe für das Nicht-Wollen einer solchen Zusammenarbeit? Was läuft falsch?

Ich habe schon mal den Satz zu hören bekommen: „Einem jeden von uns wohnt ein Kapitalist inne.“ Ich füge gewöhnlich hinzu: „Einem jeden von uns wohnt ein Individualist inne.“ Wenn es uns nicht gelingt, den Individualismus abzulegen, passiert nichts. Deswegen haben wir diese unterschiedlichen Pastoralarbeiten. Das große Übel, das katholische Bewegungen innerhalb der Kirche bewirken, ist das Nebeneinanderher! Grundsätzlich war ich nie für solche Bewegungen, weil sie den Individualismus fördern. Das geht sogar so weit, dass wir Bewegungen mit einer eigenen Finanz- und Beitragsstruktur haben und sogar mit eigenen religiösen Berufungen!

Pastorale Praxis: Dialog

Heute spricht man viel vom Leben in einer Großstadt. Die Bewegungen geben an, dort eine größere Mobilität und Dynamik zu haben. Dennoch sehen wir dort aber auch eine traditionelle Pfarrstruktur. Wie muss sich die Großstadtpastoral ändern, um die Dynamik, die missionarische Aufbruchsstimmung zurückzugewinnen?

In den Pfarreien muss es gelingen, einen missionarischen Geist zu erwecken, das heißt, einen offenen Geist, ganz katholisch! Jede Gemeinde ist Teil des großen Gottesvolkes. Das Zweite Vatikanische Konzil dachte nicht an territoriale Grenzen einer Gemeinde. Gut, einem Bischof ist anvertraut, zusammen mit seinen Mitarbeiterinnen und Mitarbeitern die eine heilige katholische und apostolische Kirche Jesu Christi zu verwirklichen. Es wäre nun an der Zeit, diesen Aspekt der Teilkirche noch viel weiter zu vertiefen. Mehr noch: Wenn es einer Pfarrgemeinde an diesem missionarischen Geist mangelt, wäre es besser, sie zu schließen, weil sie Gefahr läuft, sich in eine Handelsagentur zu verwandeln. Das Gleiche gilt für die kirchlichen Medien, die sozialen Kommunikationsmittel: Auch diese müssen missionarisch sein. Das Dekret *Ad gentes* des Zweiten Vatikanischen Konzils weist auf die grenzüberschreitenden Aufgaben unserer Pfarreien hin. Was das angeht, würde die *pastoral de conjunto* sehr viel tiefer greifen, damit alle, die sich als Jünger unseres Herrn Jesus Christus verstehen, in gemeinsamer Verantwortung miteinander arbeiten.

Eine der größten Herausforderungen für die Kirche heute ist die Stadtseelsorge. Wären Basisgemeinden auch hier ein Modell? Oder bes-

ser: Könnte die Idee kleiner Basisgemeinden auch bei den Menschen in den Wolkenkratzern, bei den Mittelstandsfamilien konkretisiert werden? Oder gelten sie nur für die Armen?

Die kleinen Gemeinden als Organisationen an der Basis sind für alle da, weil die Kirche eine Gemeinschaft ist. Immer! Menschen in Wolkenkratzern und auch in den Condomínios – das sind ummauerte oder umzäunte, geschützte Eigentumswohnungen, oft Bungalows, in kleinen Siedlungen mit Wachposten an den Einfahrten – leben meist in völliger Isolierung. Sie kennen sich nicht gegenseitig und leben in Angst. Solche Menschen haben große Probleme, und sie haben niemanden, mit dem sie reden, in Dialog treten können. Es ist die Aufgabe der Kirche, Menschen zusammenzubringen, ihnen zu helfen, sich miteinander als Schwestern und Brüder zu fühlen.

Und die Jugend? Vielen fehlt die Lebensperspektive. Sie wissen nicht wohin, leben oft in einer Welt von Gewalt, Sex, Drogen und Langeweile. Was hat die Kirche diesen Jugendlichen zu bieten, um sich mit dem Christentum identifizieren zu können?

Unter Jugendlichen herrscht viel Verzweiflung. Uns muss es gelingen, sie zu sammeln und mit ihnen ihre Probleme zu teilen. Der Jugendliche ist heute oftmals Opfer. Er ist von sich aus nicht schlecht. Die Aufgabe der Basisgemeinden besteht auch darin, die Jugendlichen zu integrieren. Sie haben Platz in den Basisgemeinden. Dafür müssen die Erwachsenen aber viel Geduld und Verständnis aufbringen und den Jugendlichen eigenen Raum lassen. Gruppierungen dürfen nicht getrennt, sondern müssen in die Gemeinde und Gemeinschaft integriert werden.

Für das Zusammenwachsen dieser Art von Gruppen gibt es ein Problem: die offizielle Definition von Kirche oder Katholizität! Die Mehrheit der Jugend und Familien sucht nicht nach Gemeinde, nach rechtem Glauben, wohl aber nach einem Lebensraum, wo ihre eigene Art zu denken, zu zweifeln, zu suchen akzeptiert wird. Wie soll man da vorgehen?

Wir müssen immer für einen Dialog offen sein und einer Gruppe, die noch auf der Suche ist, nie etwas Fertiges anbieten. Der Bildungsprozess einer Gruppe muss an erster Stelle den eigenen Initiativen folgen, den eigenen Ideen und Wünschen. Deshalb müssen wir immer offen bleiben.

Es gibt heute eine große Zahl von Menschen guten Willens, aber ohne Nähe zur Kirche – Menschen, die gerne durch ihre Arbeit zu etwas Sinnvollem beisteuern oder in Lebensgruppen teilnehmen würden, um ihre eigene kleine Welt aufzubrechen, um aus der Isolierung herauszukommen und um ihrer Stumpfheit zu entfliehen. Sollte die Kirche Initiativen in Richtung dieser Menschen ergreifen?

Die Kirche muss immer offen sein für alle. Und das Schlüsselwort dafür heißt *Dialog*. Die von Ihnen angesprochenen Menschen können uns viel geben. Die pastorale Konstitution *Gaudium et spes* lehrt uns eine sehr positive Haltung zu dieser Fragestellung. Menschen, die sagen, dass sie keinen Glauben haben, haben aber viel guten Willen: Sie wollen eine bessere Welt aufbauen! Die Kirche hat zwar Sekretariate für solche Angelegenheiten, aber da geschieht nicht viel. Wir müssten uns engagierter auf diese Menschen zubewegen. In Kontakt mit ihnen entdeckt man viel Zuversichtlichkeit.

Was kann die Kirche von einer solchen Annäherung erwarten?

Schauen Sie, wir haben in Brasilien unseren großen Pädagogen Paulo Freire, der uns gut orientieren kann: Ausgehend vom anderen kommt eine Fragestellung auf, die wichtig ist. Anders gesagt, wir müssen uns als katholische Christen angewöhnen, uns von anderen Religionen hinterfragen zu lassen, um mit ihnen gemeinsam zu lernen. Sie haben uns einiges zu sagen! Der andauernde Dialog öffnet unsere Herzen.

Für den Dialog braucht man einen gewissen eigenen Standpunkt. Warum stellt die Kirche immer den Aspekt der Moral über alle anderen Aspekte?

Das frage ich mich auch. Ich glaube, wenn man immer vom moralischen Aspekt ausgeht, dann *schießt* man bereits auf den anderen! Das Gleiche geschieht, wenn wir uns von unserer Dogmatik her dem anderen nähern. Um sich mit ihm treffen zu können, werden wir ihn zunächst einmal immer anhören müssen. Davon ausgehend, dürfen wir keine Angst haben, auch uns selbst hinterfragen zu lassen. Das Sich-Hinterfragen ist eines der Grundvoraussetzungen, um sich entwickeln zu können.

Müssen nicht die Verantwortlichen in den Gemeinden den Mut haben, die religiöse Devotionalienfrömmigkeit ihrer Gläubigen zu reduzieren? Ist es nicht schmerzlich, eine Entscheidung treffen zu müssen, das Bisherige aufzugeben, um eine neue Richtung einzuschlagen?

Es ist schmerzlich, aber notwendig! Unsere Pastoral entspricht allgemein nicht den von der Gemeinde empfundenen vitalsten Bedürfnissen. Die Pastoral ist oft viel zu individualistisch!

Wie kann die Notwendigkeit einer Pastoral, die auf die Außenstehenden und die am Rande Lebenden zugeht, vereinbart werden mit dem derzeitigen Bewusstsein der Gläubigen, die treu ihren Zehnt für den Unterhalt ihres Pfarrers zahlen, damit dieser ihnen zu Diensten steht?

Da haben wir ein großes Problem. Die Beitrag zahlenden Gläubigen selbst müssten eine Sicht von Kirche haben, die ich *missionarisch, ministerial* nenne. Wir sagen heute, dass die ganze Kirche missionarisch, ministerial ist. Deshalb müssen wir unsere Gläubigen zu diesem missionarischen Bewusstsein anhalten. Ihre finanzielle Unterstützung ist nicht dazu gedacht, eigene Vorteile zu erlangen, sondern sich den Außenstehenden öffnen zu können. Das heißt, die derzeitige Einführung des Zehnt wäre ein guter Anlass für einen Mentalitätswechsel. Natürlich wird die erste Reaktion sein: Wir helfen, also erwarten wir auch eine Gegenleistung! Das aber ist nicht der Sinn der Sache! Wir helfen, damit der Priester und die Pastoralhelferinnen und -helfer sich mehr den Außenstehenden zuwenden können. Wir müssen uns *über Grenzen hinweg* bewegen, was nicht bedeutet, nach Afrika, Asien oder zum Amazonas zu gehen. Es muss *vor unserer Haustür* stattfinden, in der eigenen Gemeinde, in der eigenen Stadt. Dieser ministeriale und missionarische Gedanke muss unsere Gläubigen beseelen. Aber leider herrscht dieser Geist noch nicht vor, auch nicht bei unseren Priestern.

Um dahin zu kommen, muss es in der Kirche eine tiefe Veränderung geben. Das Zweite Vatikanische Konzil erlaubt diese Veränderung, ja, fordert sie sogar ein, weil ein Grundverständnis des letzten Konzils darin besteht, sich auf den Weg zu machen zu den Menschen, die Jesus Christus noch nicht kennen. Dieser missionarische Geist muss notwendigerweise die Gläubigen prägen.

Dom Aloísio, es gibt heute wieder so etwas wie die Zunahme eines „kirchlichen Individualismus". Die Gläubigen leben völlig distanziert vom Weg des Miteinanders und des Eintauchens in die Realität vor Ort. Da gibt es keine Verpflichtung zu einem geschwisterlichen Miteinander und kein Gespür für Kirche-Sein. Wie denken Sie darüber?

Ich denke, die Menschen nehmen mehr aus innerer Frömmigkeit an Messen und religiösen Feiern teil. Nicht weil sie überzeugt wären, aktive Glieder der Kirche zu sein, eher um einer Verpflichtung nachzukommen. Oft auch nicht einmal deshalb, sondern einfach wegen einer inneren Befriedigung, weil die Messe etwas Erhabenes ist, einen gewissen Frieden gibt und beruhigend fürs Gewissen ist – und das wär's. Das alles hat aber nichts zu tun mit den Mitmenschen. Ein Satz, den wir alle kennen: „Jeder für sich und Gott für uns alle!" Dieses Prinzip wohnt leider vielen religiösen Praktiken inne. Man hört die Predigt, singt ein Lied, wenn überhaupt, klatscht ein wenig Beifall – und die Messe war wieder mal sehr schön! Das ist ein fürchterlicher Individualismus, der einem jeden innewohnt und der überwunden werden müsste. Doch das ist nicht so leicht, weil oft die Priester selbst Gedenkfeierlichkeiten vorziehen, private, spezielle, bei denen auch finanzielle Einkünfte eine nicht geringe Rolle spielen. Die Sache mit dem Geld spielt eine viel größere Rolle als man denkt.

Wie war Ihre Erfahrung mit den Basisgemeinden Ihrer Erzdiözese? Was stach für Sie besonders hervor bei dieser neuen Art, Kirche zu sein? Welche Perspektiven sehen Sie für die Zukunft?

Ich habe den Basisgemeinschaften immer große Hochachtung entgegengebracht. Und bis heute glaube ich, dass der künftige Weg der Kirche da entlang gehen muss. Wir müssen die Basisgemeinschaften weiterentwickeln. Warum? Weil sie feste Grundmauern haben, die getragen sind vom Gedanken der Gemeinschaft und Teilhabe. Beides gehört für mich zusammen und bringt große Vorteile für die Kirche selbst, weil sie auf ihre Basis hört und ihr dieses Hinhören wichtig ist. Gleichzeitig spricht man bei uns in Brasilien viel von einer *Kirche, die aus dem Volk geboren wird.* Ich habe immer daran geglaubt, dass die Kirche aus dem Volk geboren wird, dass sie aus dem Heiligen Geist geboren wird, das ist genau das, was wir in den Basisgemeinschaften erleben. So entsteht Kirche! Unser Herr erbaute die Kirche auf Petrus, seine Apostel und Nachfolger. Aber die konkrete Kirche, real, lebendig, existenziell, wird auf Basisgemeinschaften erbaut.

Privateigentum, natürliche Ressourcen und die Solidarität

Das größte Echo auf Ihre Pastoralbriefe war jene Stellungnahme zum Thema der Inbesitznahme und Nutzung von Grund und Boden in den Städten. Darin wiederholen Sie eine berühmte Stelle aus der Soziallehre des kirchlichen Lehramtes, welche besagt, dass auf jedem Privateigentum eine soziale Hypothek lastet, wenn es gleichzeitig mit extremen Notsituationen landloser und wohnungsloser Menschen einhergeht. Könnten Sie etwas über den Kontext der damaligen Zeit sagen, als das Dokument geschrieben wurde, und über den genauen Sinn, was damit gemeint ist: „soziale Hypothek auf jedem Eigentum"?

Diese Wortwahl stammt von Papst Johannes Paul II. Er benutzte sie zum ersten Mal in Puebla, am 27. Januar 1979, bei der Eröffnung der lateinamerikanischen Bischofskonferenz. Anfangs wurden alle stutzig, weil es immer geheißen hatte, dass das Eigentum eine soziale Funktion hat. Aber jetzt geht man darüber hinaus, einen Schritt weiter, indem man sagt, auf jedem Privateigentum lastet eine soziale Hypothek! Und wenn eine Hypothek auf etwas liegt, dann kann ich es nicht einfach veräußern – ohne die Genehmigung dessen, dem es gehört, nämlich uns allen. Ich kann nicht absolut über Eigentum verfügen. Ich muss immer sehen, ob mein Umgang mit dem Gebrauch des Eigentums eben dieser Hypothek entspricht. Der Papst wiederholte diesen Gedanken am 30. Dezember 1987 in der Sozialenzyklika *Sollicitudo rei socialis.* Ich halte diesen Gedanken für sehr glücklich und gerecht. Ein Beispiel: Ich habe hier ein Glas Wasser für mich, aber auf diesem Glas lastet eine soziale Hypothek. Das bedeutet, ich kann mit dem Glas Wasser nicht machen, was ich will. Ich darf es nicht einfach auf den Boden werfen, nur weil es mir gehört. So geht das nicht. Ich finde, das ist ein Prinzip, das alle menschlichen Beziehungen bestimmen muss, auch im Gegenüber des Menschen zu den geschaffenen Dingen. Alles kommt aus der Hand des Schöpfers. Er legte alles in unsere Hände, damit wir es bewahren und schützen, wie es in Genesis, Kapitel 2, steht. Also müssen wir diesen Aspekt vor Augen haben und alles Geschaffene respektieren. Nichts ist geschaffen nur für mich, sondern immer für uns alle. Auf dieser Einsicht: „Auf jedem Eigentum lastet eine soziale Hypothek.“, beruht auch die Solidarität. Sie ist eine der großen Prinzipien der kirchlichen Soziallehre. Solidarität würde unheimliche Kräfte freisetzen, würde sie nur beachtet. Und deshalb gilt: Auch Menschen ohne Land haben Recht auf Land, weil die Konzentration von Land in Händen weniger nicht ewig so weitergehen kann. Mir schmerzt immer das Herz, wenn ich nach Estrela fahre, ungefähr 170 km von Porto Alegre entfernt. Seit zwei Jahren lebt dort in der Kälte des Südens eine Gruppe landloser Familien in provisorischen Zelten, unter schwarzen Planen. Ich frage mich immer: Wohin gehen sie, um ihre menschliche Notdurft zu erledigen? Wo können sie sich mal duschen? – Es ist ein unmöglicher Zustand! Längst hätte man eine Lösung finden müssen. Ich finde es schrecklich, unsere Nächsten in einer solchen Situation zu belassen. Nahe bei Estrela lebt eine indigene Bevölkerung, die Guaranis. Offiziell ist es ein Reservat für die Indios, aber ich sehe niemanden, der mit ihnen arbeitet oder es wenigstens versucht. Arbeiten im Sinne von: sich dafür interessieren, was sie benötigen. Sie hausen menschenunwürdig und stehen an der Hauptverkehrsstraße in langen Schlangen, um ihre kleinen, sehr einfachen Souvenirs zu verkaufen. Es schmerzt mich immer. Die Probleme des menschlichen Miteinanders, überall, könnten leicht gelöst werden, gäbe es nur ein größeres und sozialeres Bewusstsein über jegliches Eigentum. Stattdessen bleibt alles, wie es ist – oder es wird noch schlimmer!

Berühmte Theologen zeigen ein wachsendes Interesse am Thema der Achtsamkeit gegenüber den natürlichen Ressourcen der Erde. Hat das was zu tun mit dieser sozialen Hypothek, auf die das kirchliche Lehramt besteht?

Ich glaube, dass die Theologie sich heute in diese Richtung bewegt. Bereits auf dem letzten Konzil gab es Überlegungen über die irdischen Zusammenhänge: ein großes Interesse für alles Geschaffene, das es im Kosmos gibt, um dessen Unendlichkeit wir noch nichts wissen. Die Achtung vor der Schöpfung nimmt für uns in der Hoffnung auf Erlösung zu. Wie der Heilige Paulus an die Römer schreibt (Römer 8,19–22), ist die ganze Schöpfung der Knechtschaft unterworfen, und wir müssen die Schöpfung davon befreien, statt zu sie zerstören, wie es heute geschieht. Der Kontakt mit der Natur ist wichtig. Schauen wir doch auf den Amazonas: Es ist erschreckend, wenn man sieht, wie Edelhölzer niedergeschlagen werden und auf dem Boden verrotten! In dem großen Wallfahrtsort von Aparecida bat uns die Umweltbehörde IBAMA, wir sollten doch um Gottes Willen Edelhölzer aus dem Pará, einem Amazonasstaat, für den Bau von Kirchenbänken verwenden, ansonsten würde dort das ganze Holz mit der Zeit verfaulen. Der Verfaulungsprozess der Edelhölzer dauert lange. Die große Trockenperiode am Amazonas im Jahre 2005 setzte nicht einfach ein, weil es nicht regnete. Wie kann es sein, dass Flüsse solchen Ausmaßes mitsamt aller Zuflüsse austrocknen? Ich war einige Male in Altamira, wo die Schwester Dorothy ermordet wurde. Da fliegt man von Belém do Pará mit dem Flugzeug nur noch über Waldlichtungen. Das stimmt traurig! Riesige abgeholzte Flächen! Alles wird abgeholzt. Es sind so schöne Flüsse, wie der Xingú in Altamira. Ein anderes Mal war ich in Borba, im Innersten des Amazonas. Dort fließt der Rio Madeira. Eine einzigartig schöne, artenreiche Natur! Aber all das trocknet aus, weil die Bäume geschlagen wurden. Das bringt das Gleichgewicht der Natur durcheinander! Es bedarf einer größeren Achtsamkeit gegenüber dem Ökosystem und eines intensiveren Nachdenkens darüber. Was jedoch vorherrscht, ist Gier, reine Gewinnsucht. Die zuständigen Regierungsstellen müssten genauer hinsehen, aber sie scheinen die Geisel eines Entwicklungsprojektes geworden zu sein, bei dem der Mensch zu einem bloßen Ausbeuter der Natur degradiert wird. Diese Art des Miteinanders von Mensch und Natur, allein durch Gewinnmaximierung orientiert, muss endlich beendet werden! Das ist ein Warnsignal für den, der die wahre Befreiung der Menschheit möchte.

Wie ist es zu erklären, dass dieses Erbe aller Sozialenzykliken der letzten hundert Jahre keinen sonderlichen Widerhall unter Katholiken und im Klerus fand?

Wir müssen unsere Unterlassungssünden bezüglich dessen bekennen, auch wenn viele Gruppen und Organisationen immer wieder ihre Stimme erhoben haben, damit wir uns bewegen. Aber da gibt es auf der anderen Seite diesen Egoismus, der alles durchdringt. Es sieht so aus, als hätten die Soziallehren der Kirche keinerlei bedeutende Reaktionen hervorgebracht. Hier in Brasilien zum Beispiel, trotz einiger Gesetzesänderungen zugunsten von Arbeitern, Waschfrauen, Hausangestellten ..., umgehen viele Arbeitgeber, wann immer sie nur können, diese Gesetze, auch wenn sie noch so katholisch sind! Was bedeutet das? Es bedeutet, dass uns das Evangelium nicht in Fleisch und Blut übergegangen ist. Im Grunde sind wir noch nicht evangelisiert. Wir müssen noch eine tiefe Bekehrung hin zum Sozialen durchmachen. Solange für uns Themen wie Hölle, Endgericht oder Kirchensteuer wichtiger sind als soziale und ökologische Probleme, arbeiten wir nicht für die wahre Befreiung der Menschheit.

Rom und die Ortskirchen

Welche Erfahrung konnte die Kirche der Region Nordosten I im Zusammenspiel der neun Diözesen des Staates Ceará machen? Hat man Ihnen Verständnis entgegengebracht? Haben alle Bischöfe aus Ceará zusammengehalten?

Um die Wahrheit zu sagen: Ja, man hat zusammengehalten. Die erste große Generalversammlung, an der ich teilnahm, fand in São Luís statt. Ich war sehr davon angetan. Ich kam aus Südbrasilien, wo die Mentalität eine andere ist, individualistischer. Gott sei Dank ist es dort heute auch nicht mehr so. In São Luís erlebte ich einen guten Gemeinschaftsgeist. In kurzer Zeit lernte ich alle Kirchen der drei Staaten kennen: Ceará, Piauí und Maranhão, die damals zur Region Nordosten I gehörten. Später teilten wir die Region weiter auf. Nicht, weil sie nicht funktionierte, sondern weil wir feststellten, dass in kleineren Einheiten die Teilnahme einfacher wird und jeder mehr gefordert ist. Als neu ernannte Bischöfe nach Ceará kamen, wurde es mit der Zusammenarbeit weniger. Die ersten Bischöfe, die ich dort antraf, sind heute bereits alle emeritiert. Es war wunderbar mit ihnen! Wir alle besuchten die Diözesen, standen in Verbindung mit den Priestern, den Ordensleuten und den Laien – Frauen und Männer. Das war eine schöne Zeit. Bei unseren Besuchen zelebrierten wir in der Kathedrale, ja, aber wir versammelten uns auch außerhalb mit den Menschen und erklärten ihnen, dass wir im Namen der CNBB, Region Nordosten I, gekommen seien. Später, wie gesagt, kamen andere Bischöfe. Wie es heute läuft, kann ich nicht sagen. Ich weiß nur, dass es damals ein gutes Miteinander gab, und wir waren alle reich beschenkt. Wir Bischöfe standen fest zusammen. Später fing diese Einheit an zu bröckeln. Das begann schon mit den Seminaren: Jede Diözese fing an, ihre eigenen Institute zu bauen und sich wie in einem Getto von seinen Nachbarn abzuschotten. Das, was wir heute den kirchlichen Bewegungen vorwerfen, das Sich-Absondern und die Eigenbrötelei, das geschah ebenso in unseren Diözesen. Das war schade, weil vorher alles gut lief. Wir hatten sehr kompetente Leute: Pater Marcelino Svinski, der große Impulse gab, Schwester Teresinha Lima, dann hatten wir die Schwester Neiva Sampaio vom Salesianerorden. Das waren drei Menschen zu meiner Zeit, die sich sehr um Einheit bemühten, und sie schufen sogar eine zentrale Stelle für die CNBB Nordosten I, weil sie sich mit großem Enthusiasmus engagierten. Schaut, ein neuer Bischof bedeutet nicht immer Erneuerung der Diözesen.

Wie stand die weltkirchliche Zentrale zu Ihrer Art, die Erzdiözese zu führen? Wie gestalteten sich die Ad-Limina-Besuche? Gab es Zurechtweisungen administrativer oder disziplinärer Art? Wie war Ihre Beziehung zum Nuntius?

Die Gespräche in Rom waren immer sehr gut, weil ich im Namen der

Bischöfe auftrat und weil wir untereinander zusammenstanden. Nur ein einziges Mal spürte ich Gegenwind von Rom. Es war nach einer apostolischen Visite in unserem Seminar. Da baten mich die Bischöfe von ganz Ceará, dass ich nach Rom fliegen solle, um dort besser erklären zu können, wie die Kurse funktionieren. So war ich also in Rom bei der Kongregation für die Priesterausbildung und Seminare. Kardinal Pio Laghi sagte mir, dass es keine Probleme gäbe: „Sie kennen die Lage vor Ort besser als wir hier in Rom. Wir können nur einige Orientierungen geben. Und wenn Sie glauben, dass sie dienlich sind, so ist es gut. Wenn nicht, dann lassen Sie es." Ich hielt diese Art von Antwort für sehr klug. Wir hatten nie Schwierigkeiten. Es kursiert auch das Gerücht, der Papst hätte mich zurechtgewiesen. Das aber ist nie geschehen! Falls ein Brief geschickt wurde, ist er wohl unterwegs verloren gegangen, denn ich habe keinen bekommen. Und selbst wenn wir in Rom waren und direkten Kontakt mit dem Papst und mit den Kongregationen hatten, hat man uns nie die *Ohren langgezogen.* Auf Bitten der Nuntiatur schickten wir rechtzeitig alle fünf Jahre unsere Berichte nach Rom, zusammen mit einem zusammenfassenden Schreiben über die Region Nordosten I. Nie gab es irgendeinen Hinweis, wirklich nie, dass wir irgendwo falsch lägen. Im Gegenteil, es gab Lobsprüche seitens Rom, dass unsere Region sehr gut orientiert werde. Es war auch unsere Region Nordosten I, die eine neue Art von Berichten vorlegte: Als Erstes beschrieben wir die Probleme, die wir selbst sahen; und erst danach stellten wir einige relevante Fragen. Diese Art von Berichterstattung wurde dann in der Kirche offiziell eingeführt. Und jetzt gilt sie für alle Episkopate. Aber es begann hier in Ceará. Wir hatten die Initiative ergriffen. Auf diese Art kommt leichter ein Dialog zustande, der beiden Seiten nützt. Die Beziehung zur Nuntiatur war stets herzlich und nutzbringend.

Wie sehen Sie heute diese periodisch wiederkehrenden Besuche? Würden Sie sagen, dass sie mehr eine symbolische Einrichtung ist zwischen den Ortskirchen und Rom, oder haben die Besuche wirklich eine praktische, fruchtbringende Funktion?

Ich glaube, Papst Johannes Paul II. hatte diesbezüglich eine glückliche

Hand. Er legte viel Wert auf die Ad-Limina-Besuche und ermöglichte immer eine Begegnung mit der ganzen Bischofsdelegation sowie eine individuelle, persönliche Begegnung mit ihm. Das war sehr positiv! Die Bischöfe trafen sich, reflektierten und beteten zusammen, weil es die Kollegialität untereinander förderte. Natürlich hat das auch eine symbolische Bedeutung: Wir sind mit der Weltkirche verbunden! Aber es blieb nicht bei bürokratischen Abwicklungen, sondern brachte auch Früchte für die Pastoral. Ich glaube sicher, unser jetziger Papst Benedikt XVI. wird auf dieser Linie weitermachen.

Dom Aloísio zu staatlicher Macht und Demokratie

Wie beurteilen Sie Ihr Verhältnis zu den Autoritäten und Politikern von Ceará? Haben Kirche und Staat einander gesucht und Interesse aneinander gezeigt, oder herrschte eher ein kühleres Verhältnis?

Als ich 1973 hier in Ceará ankam, war in der Tat das Verhältnis nicht sehr gut. Es war die Zeit der sogenannten Revolution. Überall waren Militärs an der Macht. In einer Strafvollzugsanstalt für politisch Gefangene saßen 26 politische Häftlinge, und ich begann damit, sie zu besuchen. Es gab Menschen, die mich begleiteten. Von da an war ich als Bischof eine nicht mehr sehr erwünschte Person! Nachdem dann dieser Ausnahmezustand beendet war, verbesserte sich meine Situation. Aber ich sorgte bewusst dafür, dass mein Kontakt zu Politikern nie zu einem *Tauschhandel* führte.

Bei allem Missmut, bei aller Verdrossenheit gegenüber der derzeitigen Parteipolitik fragen wir Sie, für welche Art von politischem Engagement sich die Kirche noch einsetzen kann.

Wir müssten heute die Frage der politischen Parteien prüfen. Im Grunde liegt das Problem in der repräsentativen Demokratie. Sie beschert uns bittere Pillen, die wir zu schlucken haben. Auch wenn wir noch so starken Druck ausüben, kommen wir aber aus bestimmten Sackgassen nicht heraus. Wir müssen auf eine partizipierende Demokratie hinarbeiten. Es sollte zum Beispiel mehr Volksabstimmungen geben: Das Volk weiß, was es will. Das repräsentative System müsste neu überdacht werden, weil wir in den Parteien die gleichen Fehler feststellen, die wir auch in unseren Institutionen gemacht haben. Wir müssen uns mehr als Schwestern und Brüder vereinen. Solidarität und Subsidiarität: Diese Prinzipien müssten wir in die Praxis umsetzen. Es stellt sich die Frage: Zeigt uns unsere derzeitige Verfassung noch das Profil unseres heutigen Brasiliens? Ich kann mir vorstellen, dass auch die momentane Krise, die wir erleben, zum Guten ausgehen könnte. Es ist an der Zeit, die politischen Systeme neu zu überdenken.

Wie und wo muss sich die Kirche in der Politik positionieren?

Die CNBB veröffentlichte verschiedene Dokumente, die diese Fragestellung behandelt. Wir müssen einen Staat errichten, in dem sich alle Bürger einbringen, ihren Beitrag leisten und ihre Meinung äußern können. Das Problem der Kirche liegt heute darin, dass sie sich wieder zu sehr mit sich selbst beschäftigt, wohingegen das Zweite Vatikanische Konzil genau darauf verwies, sich den Problemen der Welt zu öffnen!

Dom Aloísio und sein Vorgänger

Hin und wieder bekommt man zu hören: „Als Dom Aloísio in Fortaleza ankam, hatte Dom Delgado bereits die pastoralen Wege bestens vorbereitet, und Dom Aloísio brauchte da nur weitermachen.“ Fanden Sie wirklich bereits die pastoralen Grundideen des Zweiten Vatikanischen Konzils in Fortaleza verwirklicht?

Ich bewunderte immer Dom José Delgado, der von 1963 bis 1973 Erzbischof von Fortaleza war. Als ich dort ankam, sagte ich immer, dass er bereits Wege geöffnet habe. Er besaß jenes für ihn so typische verschlossene Temperament. Er eröffnete jedoch neue Wege, indem er die Beschlüsse des Konzils in der lokalen Kirche bekannt machte. Manchmal zwar ein wenig übertrieben, aber das gehörte zu seinem Temperament! Ja, Dom José Delgado war eine große Persönlichkeit. Als ich Vorsitzender der CNBB war und mit ihm einmal in Recife sprach, sagte er mir: „Dom Aloísio, das schrieb ich bereits alles in *Teile meiner selbst* – so der Titel seines Buches. Dieses war zwar ein wenig aggressiv, aber wer Dom Delgado kannte, konnte das nachvollziehen. Geduld hatte er keine, wollte alles sofort! Mit seinen Priestern führte er keinen Dialog und war auch oft nicht zu erreichen. Meistens hielt er sich dann im Trainingszentrum in Serra de Pacatuba auf, auch für längere Zeit. Wer mit ihm sprechen wollte, musste dorthin kommen. Er liebte die Fazendas – den Grundbesitz und die Höfe –, hatte viele Verträge mit den Fazendeiros und besaß auch ein Bankinstitut. Als ich in Fortaleza ankam, wurde mir klar, dass es nicht so meine Sache sei, mich um diese materiellen Angelegenheiten zu kümmern. Was also sollte ich tun? Ich sprach in Rom mit Monsignore Benelli, einem Sekretär Papst Pauls VI. Der bat mich, einige Maßnahmen zu ergreifen, darunter auch den Verkauf dieser Bank.

Die Philosophie war der Kirche immer sehr wichtig. Wie kam es dazu, die philosophische Fakultät in Fortaleza (FAFIFOR), die im Priesterseminar da Prainha untergebracht war, zu schließen? Wie urteilen Sie heute über die Schließung?

Es war unmöglich, die FAFIFOR finanziell zu halten. Als Dom Delgado sie ins Leben rief, war er guten Willens und begeistert. Doch wurde fast das ganze Seminar *da Prainha* umsonst von der FAFIFOR genutzt. Und die Studenten dort kamen nicht gerade aus den ärmsten Familien! Ihre Familien zahlten für einen Studenten weniger Beitrag als für eines ihrer Kinder im Kindergarten. Außerdem gab es bereits eine philosophische Fakultät an der staatlichen Universität UECE. Der Finanzmensch damals war Pater Mariano. Ich sprach mit ihm und einigen anderen. Und da kamen wir zu dem Entschluss, die Fakultät zu schließen. Auch der Priesterrat sah keine Möglichkeit einer Fortführung der FAFIFOR.

Man hört auch hin und wieder sagen, Sie hätten von den Basisgruppen Druck bekommen. Ist da was dran?

Nein, das stimmt nicht. Auch einige Priester hielten die Fakultät für überflüssig. Aber sie übten in dem Sinne keinen Druck auf mich aus.

Soziales Engagement

Gab es in Ihrer Zeit als Erzbischof auch Druck von radikaleren pastoralen Gruppen, die von ihrem Bischof mehr Engagement, mehr konkrete Stellungnahmen und mehr Unterstützung forderten? Wenn ja, wie gingen Sie damit um?

Es fällt mir schwer, darauf zu antworten. Es gab wohl *heißere,* delikatere Diskussionsthemen, aber ich spürte nie einen solchen Druck. Ich würde eher sagen, dass ich Anerkennung erfuhr, denn manchmal ist selbst ein Bischof blind und erkennt nicht das, was die Gruppen an der Basis bereits besser erkannt haben. Es gab Menschen, die mir eine gewisse Kritik entgegenbrachten und mich zwangen, die Dinge neu zu überdenken. Eine solche Kritik halte ich aber für eher positiv als negativ. Das große Problem, das immer aufkam, war das der Reichweite des politischen Einsatzes unserer Pastoralarbeiter. Inwieweit ist das Engagement politisch im Sinne von Allgemeinwohl, und wann beginnt es, parteipolitisch zu werden? Eines der Themen, die mir viel Sorge bereiteten, war die Jugendpastoral in den Armenvierteln. Bezüglich dieser Problematik gelangten wir nie zu einer Gewissheit. Doch allgemein bekam ich immer viel Unterstützung. Es gab Leute, die sich sehr einsetzten. Die Gründung des *Zentrums für Verteidigung und Förderung der Menschenrechte* zielte mehr auf die soziale Aktion der Kirche und unsere Präsenz bei der Vertreibung der Menschen von Grundstücken und in Fragen des Landbesitzes, sei es in den Städten oder im Landesinnern. In all diesen Belangen konnten wir uns oft sehr positiv einmischen. Immer wenn man mich um Hilfe rief, war ich zur Stelle, wie zum Beispiel einmal früh morgens als es hieß, Menschen würden aus den Favelas vertrieben. Auch am darauffolgenden Tag ging ich in aller Frühe wieder dort hin, um zu sehen, ob noch alles friedlich sei. Es gab deswegen Druck, ja, aber positiven Druck, der mir guttat.

Sie sind dafür bekannt, gern in Gefängnissen Inhaftierte zu besuchen. Warum gingen Sie damals in die Strafvollzugsanstalt Paulo Sarasate? Wurde da nicht bei Ihrer Entführung und der einiger Pastoralhelfer die Ineffizienz dieser Art von Pastoralarbeit klar? Hat es Ihnen nicht leidgetan, trotz so vieler anderer Aufgaben der Gefangenenpastoral den Vorzug gegeben zu haben?

Ehrlich gesagt, die Gefangenenpastoral lag mir in meinem Leben schon immer am Herzen. Nur ist mir klar geworden, dass die Art und Weise, wie wir diese Pastoral angingen, nicht die endgültig richtige ist. Mir wäre lieber gewesen, wenn Menschen mit den Gefangenen innerhalb des Gefängnisses hätten zusammenwohnen können, um sie aus der Nähe zu begleiten. Der Respekt der Gefangenen wäre ihnen sicher gewesen. Dass mich Gefangene gekidnappt haben, um fliehen zu können, geschah nicht aus fehlendem Respekt. Es geschah aus ihrer persönlichen Not heraus! Sie wollten fliehen und sahen in uns eine relativ einfache Beute, die ihnen die Flucht ermöglichte. Und es waren auch nicht alle Gefangenen, sondern nur eine kleine Gruppe. Die größere Gruppe zeigte ihren Protest dagegen. Wir knüpften da drinnen gute Bande. Wir hätten weitermachen sollen. Nach der Entführung wieder auf freiem Fuß, spürte ich den Wunsch in mir, wieder zu den Gefangenen zurückzukehren und bei ihnen zu bleiben, weil wir in den wenigen Stunden unseres näheren Kontaktes mit ihnen die Notwendigkeit erkannten, dass ihnen geholfen werden muss. Denn sie leiden dort viel! Und die große Mehrheit von ihnen hat sich nicht schuldig gemacht, weil sie schlecht sind, sondern weil die Umstände des Lebens sie dahin getrieben haben. Das hätte in ihrer Verurteilung berücksichtigt werden müssen. Man müsste einen Weg finden, ihnen zu helfen und sie zu resozialisieren, damit sie wieder als freie und verantwortliche Menschen in die Gesellschaft zurückkehren können. Nur mal ein kleines Beispiel: Eines Abends saß ich allein in meinem VW-Käfer und musste am Praça da Lagoinha an einer roten Ampel halten. Da kam ein Jugendlicher an mein Fenster und sagte: „Dom Aloísio, keine Angst, ich bin Amanari. Hier rührt sie keiner an!“ Ein anderes Mal kam derselbe Junge in Canindé auf mich zu und sagte: „Dom Aloísio, ich bin auf der Flucht nach Crato. Können sie mir helfen?“ Ich sagte ihm: „Natürlich helfe ich dir!“ So war eine gewisse Freundschaft gewachsen, ein gewisses Vertrauen. Das ist das Gute daran. Hin und wieder kamen sogar welche, um bei mir zu beichten. Im Gefängnis kam einmal einer an einem Karfreitag zu mir zum Beichten – er wurde übrigens später dort umgebracht. Es beeindruckte mich, was er sagte: „Können sie mir ein Kruzifix besorgen? Ich würde es gern in meiner Zelle aufhängen. Wenn ich dann auf das Kreuz schaue, gibt es mir Kraft, mich zu bessern." Ich antwortete: „Ich habe keines, aber ich werde ein großes Kreuz für dich machen lassen." Dann sprach ich mit Pater Lucas, und wir weihten feierlich auf dem Korridor der Strafvollzugsanstalt *Paulo Sarasate* das Kreuz ein: Jesus, der Gekreuzigte. Ich weiß nicht, ob es jetzt auch noch dort hängt. Ich glaube, die Gefangenenpastoral müsste dort präsenter sein. Man muss an diese Menschen denken, die dort drinnen ausharren müssen, Tag und Nacht, in Dreck! Es gab dort Plätze, da hielten es sogar selbst die Journalisten nicht aus wegen des ätzenden Gestanks. Einer von ihnen wäre fast umgekippt, und ich sagte ihm: „Ihr Journalisten seid nichts gewohnt. Hier lernt Ihr jetzt endlich mal Lebenssituationen von Menschen kennen, und zwar nur, weil *ich* Euch einlud!" Aber es ließ sie alles kalt. Ich glaube, man könnte Großes bewirken. Es gab da auch die Schwester Marta. Sie arbeitete in einer Strafvollzugsanstalt für politisch Gefangene. Diese Frau verbrachte immer den ganzen Tag dort und kehrte erst abends spät zurück nach Hause. Alle im Gefängnis gehorchten ihr. Wenn sie sagte: „Seid still!", dann waren alle still. Alle hatten großen Respekt vor dieser Schwester. Wäre sie an jenem Tag meiner Entführung dabei gewesen, wäre mit Sicherheit nichts passiert. Sie wäre ein wenig laut geworden, und es wäre nichts passiert. Sie kannte alle Gefangenen beim Namen. Das ist so wichtig! Nach unserer Befreiung besuchte ich die Mutter des Jungen, der mich in seine Gewalt genommen hatte. Sie wohnte im Stadtteil Jardim Iracema. Ich sorgte dann dafür, dass ihre Kinder auf die Schule gehen konnten. Sie erzählte mir, dass jener Junge, als er noch klein war, ein guter Junge gewesen sei. Doch dann verlor sie ihren Mann und heiratete wieder. Der Stiefvater schlug das Kind ständig. Deshalb sei er so geworden.

Sahen die Verantwortlichen für die Haftanstalten es gerne, dass Sie und Ihre Leute von der Gefangenenpastoral dort immer wieder erschienen?

In der Tat rieten sie uns immer eher ab, als dass sie uns zu Gefangenenbesuchen ermutigten. Wir hatten längst gemerkt, dass unsere Besuche sie in Verlegenheit brachten. Denn jeder weiß, dass in den Gefängnissen Dinge passieren, die nicht passieren dürften: Dort geschieht unfassbares Unrecht – und wir posaunten es heraus! Wer das macht, ist nicht gern gesehen, weil dann die Verantwortlichen zur Rechenschaft gezogen werden könnten. Aus diesem Grunde werden solche Besuche bei den Gefangenen möglichst verhindert. Später in Aparecida machte ich weiter mit meinen Gewohnheiten der Gefangenenbesuche. Es waren zwei große Gefängnisse gebaut worden, und um da reinzukommen, gab es eine ganze Reihe von Vorschriften und Hindernissen. Im Gefängnis *Olavo Oliveira* hatten wir eine gewisse Unterstützung vonseiten des Verantwortlichen; und es schien, als seien wir hier lieber gesehen als im Gefängnis *Paulo Sarasate,* wo uns ständig Schwierigkeiten gemacht wurden. Nach meiner Entführung damals, bevor ich von Fortaleza wegging, besuchte ich noch einmal das Paulo Sarasate, um mit den Gefangenen Weihnachten zu feiern. Doch die Atmosphäre dort war äußerst angespannt, denn einer der Wachen hatte einem Gefangenen ein Ohr abgeschnitten. Alle waren sehr aufgebracht. Ich denke, mit Recht! Also ging ich zum Oberst Vizekommandeur der Militärpolizei, und der wollte mit mir hineingehen, jedoch begleitet von weiteren vierzig Soldaten. Das sah ich nicht ein und ging daher nicht mit. Da sagten mir die Leute vom Olavo Oliveira: „Dom Aloísio, kommen sie zu uns!“ Ich ging hin und feierte mit den Gefangenen die Geburt des Herrn in großer Freude – und zur Zufriedenheit aller! Es ist immer die gleiche Geschichte, dass einige Angst davor haben, man könne prekäre Situationen an die Öffentlichkeit bringen, die die Verantwortlichen lieber unter den Tisch kehren. Würden alle Verantwortlichen für die Gefängnisse ihre Pflicht erfüllen, sähe das Los der Gefangenen besser aus.

Eine gute Bildung

Eine gute Ausbildung stand immer obenan auf der Liste Ihrer Prioritäten. Welche Initiativen ergriffen Sie, um das Niveau einer nachhaltigen Weiterbildung sowohl für den Klerus als auch für ein christliches Bewusstsein der Laien zu heben?

Wir versuchten stets, durch monatliche Versammlungen unsere Priester weiterzubilden. Hin und wieder gab es eine Art spezieller Fortbildungskurse und Kurse der Spiritualität. Wir taten, was wir konnten. Und für unsere Laienchristen gab es, neben dem Unterricht am *Religionswissenschaftlichen Institut der Erzdiözese Fortaleza,* immer einige christliche Weiterbildungskurse, wie zum Beispiel der *cursilho de cristandade.* Als ich 1973 nach Fortaleza kam, war dieser *cursilho* auf dem Höhepunkt. Es war eine sehr gute Sache, sehr positiv! Danach kamen verschiedene Bewegungen für Ehepaare und Familien auf, und ich habe das alles begleitet, auch wenn es nicht immer meinen pastoralen Vorstellungen entsprach. Auch die FAFIFOR tat vielen Christen sehr gut. Das Religionswissenschaftliche Institut und mehr noch die Katechetenschule der Erzdiözese Fortaleza bildeten unzählige Katecheten und Katechetinnen aus. Ich hatte sehr viel Unterstützung durch Schwester Elisabeth Stümpfler, eine Deutsche, die mir oft half. Trotz Wissens um ihre schwere Krankheit war sie immer da und verstand sich sehr gut mit Maria Brands. Sie beide machten eine seriöse Arbeit. Wir konnten uns auch immer auf diejenigen verlassen, die in diesen Einrichtungen unterrichteten. Diese Einrichtungen waren und sind immer noch eine gute Sache für die Erzdiözese, weshalb es gut wäre, wenn sie weiterbestehen würden. Auch wenn wir heute bereits über ein Kompendium zur Soziallehre verfügen, könnten diese Institute die Soziallehre thematisch weiter vertiefen.

Wie sehen Sie das Problem, möglichst viele Priester zu haben und diese auch gut auszubilden? Wie werden Sie mit der Spannung fertig, ein möglichst hohes Niveau in der Ausbildung zu erreichen und nicht allzu lange auf qualifizierte Mitarbeiter verzichten zu müssen?

Ich bin zu der Überzeugung gelangt, dass eine Diözese mit wenigen Priestern sehr gut funktionieren kann. Deswegen habe ich mich von diesen Sorgen frei gemacht. Mir schien in der Tat eine gute Ausbildung von Katecheten und Katechetinnen sowie die Weiterentwicklung sogenannter Laienämter viel effizienter zu sein. Diese Ämter von Nicht-Geweihten sind für die Kirche wichtig. Die Bischöfe sollten sich darum sorgen, dass die Kirche als Ganze missionarisch wird und dem Menschen dient. Wir mussten einmal einen Mitbruder aus dem Orden entlassen, weil er in der Tat für die pastorale Arbeit völlig ungeeignet war. Dieser junge Mann jedoch ging zu seinem Bischof, der ihn aus Sorge wegen des Priestermangels kurzerhand annahm. Wir wussten, dass das schief gehen würde. Wir müssen unsere Berufspastoral auf unsere eigene Kirche vor Ort beschränken und mit den Menschen arbeiten, die der Herr dann rufen wird. Wichtig ist, Laienämter aufzubauen, die durch den tagtäglichen Kontakt mit den Menschen Einfluss nehmen bis an die Basis. Darüber müssen die Bischöfe sich Sorgen machen. Wir stehen noch am Anfang. Wir investieren nicht genug in diese Pastoral. Ein Bischof sagte mir, er wolle dahin kommen, jedes Jahr zwanzig Priester zu weihen, worauf ich ihm antwortete: „Du wirst es bereuen! Wozu zwanzig Priester, wenn dir doch schon zwölf Kopfschmerzen bereiten?!" Auch unter Ordensleuten dürfte es solcherlei Sorgen nicht geben. Eines Tages in einem Gespräch mit Ordensschwestern sagten diese mir, dass sie sich sorgten, weil es immer weniger Eintritte in ihre Gemeinschaft gäbe. Meine Antwort: „Sorgt euch nicht! Wenn es zu Ende geht, dann will es unser Herr sicher auch so." In das Klarissenkloster treten keine jungen Mädchen mehr ein, obwohl es ein vorbildliches Kloster ist. Als ich bei ihnen die Messe zelebrierte, war die Kirche bis auf den letzten Platz gefüllt. Ich fragte die Leute, ob jemand eine Tochter habe, die Klarissin in einem kontemplativen Orden werden möchte. Ich erklärte alles genauer, aber es kam keine Antwort. Ich glaube, diese Sorgen um Berufe sind übertrieben und nicht mehr zeitgemäß. Wir müssen mehr in die Ausbildung der Laien investieren. Davon bin ich heute überzeugt. Der Kontakt mit einigen Laien machte mir klar, wie sehr sich diese Menschen engagieren. Und es tut gut zu sehen, wie diese Laien zum Beispiel Spitzenpositionen an der Universität oder in anderen Bereichen der Gesellschaft einnehmen: Diese Menschen können Großes bewirken

III.
Dom Aloísio Lorscheider – Anwalt der Hoffnung

Kirche-Sein nach dem Zweiten Vatikanischen Konzil

Der Titel dieses Buches lautet: „Lasst euer Licht leuchten! Rückblicke in die Zukunft der Kirche". Nachdem wir den bisher zurückgelegten Weg betrachtet haben, ist es an der Zeit, Fragen zu den Zukunftsperspektiven zu stellen. Wir müssen unterscheiden können zwischen den Elementen der Vergangenheit, die vielleicht auch die Zukunft orientieren und für die Christen im soeben begonnenen 21. Jahrhundert relevant sein werden, und inwieweit in der theologischen Reflexion und in der pastoralen Praxis ein guter Sprung nach vorne notwendig wird. Welche inhaltlichen Höhepunkte des Zweiten Vatikanischen Konzils werden auch in Zukunft für das Volk Gottes von Bedeutung sein?

Für mich sind *Gemeinschaft* und *Partizipation* Schlüsselbegriffe. Letzterer will sagen, dass sich alle Katholiken als Kirche verstehen und an ihr teilnehmen wollen und können. Doch dieses Kirche-Sein bedeutet nicht, sich nach innen zu kehren, sondern nach außen. Es bedeutet ein Herausgehen aus den eigenen vier Wänden. Diese Partizipation ist mehr ein missionarisches Verständnis von Kirche. Wenn nicht dieser Geist der *Öffnung zur Welt* hin vorherrscht, schmieden wir ein kaltes

Eisen. Und unter *Gemeinschaft* ist sowohl *Solidarität* als auch *Subsidiarität* zu verstehen. Auf der außerordentlichen Bischofssynode 1985 machte ich selbst eine Intervention zur Subsidiarität. Ein Kardinal regte sich auf und meinte, dass es dabei um ein rein soziales Thema gehe und nicht um ein ekklesiologisches. Doch auch viele andere Bischöfe glaubten, dass wir diese Begriffe auf die ganze Kirche anwenden müssten. Meiner Meinung nach ist dieses *Partizipieren in Gemeinschaft* – und in einer *Gemeinschaft,* in der der eine den anderen zu respektieren weiß – ein Licht für die Zukunft. Des Weiteren sehe ich die *Inkulturation der christlichen Botschaft* als ein wichtiges Ziel, ein Thema, das 1992 auf der Generalversammlung der lateinamerikanischen Bischöfe von Santo Domingo stark betont wurde. Wenn wir nämlich die christliche Botschaft in einer dem Volk fremden Kultur übermitteln, werden wir nur schwerlich verstanden. Vielen Menschen sagt die christliche Botschaft heute nichts mehr, weil sie sich vom realen Leben der Menschen weit entfernt hat, weil sie sich nicht inkarniert hat. Das Evangelium muss im Leben, in der Kultur der Menschen Wurzeln fassen, sichtbar werden, um Zukunft zu haben. Und wir dürfen einen weiteren Begriff nicht aus den Augen verlieren: die *Befreiung,* ein Schlüsselwort der Generalversammlung 1968 in Medellín. Man spricht in unserer kapitalistischen Welt lieber von *Freiheit* und *Entwicklung* und will uns vorgaukeln, das System, in dem wir leben, sei doch mehr oder weniger ausgeglichen, sozio-ökonomisch und politisch. Doch leider ist es nicht so. Das große Problem sind die unterdrückten Menschenmassen! Millionen Menschen haben keine Chance, ökonomisch, sozial und kulturell am Fortschritt teilzuhaben. Viele werden in ihren Bemühungen frustriert, andere werden irritiert, revoltieren und landen in Gefängnissen. Unser Volk fühlt sich diskriminiert, genervt. Wir müssen erst noch dahin kommen, was wir als wirkliche Demokratie bezeichnen könnten. Bislang haben wir diese Demokratie noch nicht. Für mich gibt es da viele Parallelen auch in unserer eigenen Kirche, was die Partizipation der Gläubigen am Leben der Kirche angeht. Deshalb bleibt auch weiterhin das Wort *Kollegialität* so aktuell. Es kann nicht weiter angehen, dass wichtige Entscheidungen von jemandem allein getroffen werden, nicht einmal vom Papst! Auch er muss Kollegialität vorleben und seine Kollegen Bischöfe zu Rate ziehen. Dabei könnte man sich dennoch vorstellen, dass in gewissen außergewöhnlichen Situationen, wenn schnelle und autoritative Entscheidungen gefordert sind, der Papst allein entscheiden könnte. Doch das darf nicht die Norm sein. Norm ist das kirchliche Handeln in Kollegialität. Diese Art von Kollegialität beschränkt sich nicht auf die Bischöfe, sondern durchdringt die ganze Kirche und all ihre Mitglieder, weil sie alle zu der einen und selben apostolischen Gemeinschaft unseres Herrn Jesus Christus gehören. Wir müssen das nicht juristisch verstehen, sondern lehramtlich und dogmatisch: Die Kirche ist eine Kongregation, eine Versammlung von Gläubigen. So haben die ersten Christen die Kirche definiert, und das bleibt bis heute gültig. Deshalb unterstreiche ich immer noch so sehr die Notwendigkeit der Existenz kirchlicher Basisgemeinschaften und Basisgemeinden. Ohne *sie* kommen wir nicht weiter. Statt sogenannten apostolischen Bewegungen und verschiedenen Vereinen so viel Rückendeckung zu geben, täten wir besser daran, die Bildung von Basisgemeinden zu stärken, worin das Volk sich als Volk und nicht als *menschlicher Abfall* erleben kann, wo es sich mit seinem Wort einbringen kann, wo es seine Weisheit ausdrücken kann und wo ihm Gehör geschenkt wird!

Verantwortung des Einzelnen in der globalisierten Welt

Wie beurteilen Sie die gegenwärtige Lage der Menschheit, speziell der Völker Lateinamerikas?

Zunächst eins: Uns ist es noch nicht gelungen, Menschen auszubilden, die sich freiwillig verantwortlich und bewusst einbringen. Die Idee, dass wir selbst unsere Geschichte schreiben und jeder einzelne aufgerufen ist, daran mitzuwirken, ist äußerst wichtig, um Menschen zu persönlichem Wachstum zu verhelfen. Man mag das menschliche Förderung nennen; ich selbst aber würde es lieber als *Befreiung* bezeichnen. Freie, offene Menschen – die müsste es auch in der Kirche geben. Mitten in ihrer Gemeinschaft müssten Möglichkeiten gegeben sein, sich offen einzubringen und seine Meinung äußern zu können, ohne Angst haben zu müssen. Jeder einzelne Mensch muss seine Geschichte verantwortungsvoll in die eigenen Hände nehmen dürfen. Der weitverbreitete Analphabetismus, den es bei uns gibt, bezieht sich nicht nur auf Nicht-lesen-und-schreiben-Können, sondern auf das Nicht-entwickelt-Sein einer kritischen Sicht des Lebens. An zweiter Stelle verweise ich auf die großen weltweiten Tendenzen, unter deren Folgen wir in einer globalisierten Medienwelt, die immer mehr von den Vereinigten Staaten von Nordamerika und von Europa geleitet werden, zu leiden haben. Ein erstes Wort, das mir da in den Sinn kommt, ist *Säkularismus.* Es ist eine Geisteshaltung, in der das Transzendente aus dem Blickfeld gerät und keine Möglichkeit mehr infrage kommt, die geschichtlichen Grenzen zu überschreiten. Wir dürfen die Transzendenz nicht aufgeben. Ich glaube, auch in Zukunft wird der christliche Glaube in Bezug auf *Menschwerdung* gemessen. Das heißt, es ist Inhalt unseres Glaubens, dass wir Gnade, Wahrheit und die Ehre Gottes an die Menschheit binden, dass Gott sein Zelt in unserer Mitte aufschlug. Das dürfen wir in dieser säkularisierten Welt nicht aus dem Blick verlieren! Auch der ethische Relativismus spielt eine Rolle: Viele Menschen heute interpretieren die Begriffe *richtig* und *falsch* oder *gut* und *böse* subjektiv. Einige bestreiten jedwede Möglichkeit, universelle Werte festlegen zu können. Das kirchliche Lehramt warnt immer wieder vor den Gefahren solcher Gedankenströme. Ich persönlich glaube, wir müssten ein wenig mehr die Beziehung vertiefen, die es zwischen dem, was objektiv, und dem, was subjektiv ist, gibt, wenn es um das Leben mit ethischen Werten geht, denn nie gelingt es völlig, menschliches Verhalten objektiv zu beurteilen. Immer fließt die Subjektivität dessen mit ein, der urteilt. Es scheint mir wichtig, einen Ausgleich anzustreben zwischen einer objektiven Normativität, die universal menschlich gilt, und den subjektiven Maximen, die für mein persönliches Verhalten gelten. Die Moralgesetze der Kirche sollten natürlich so objektiv wie möglich sein. Doch es ist klar, dass dahinter immer konkrete Menschen stehen, die eine bestimmte persönliche moralische Bildung weitergeben. Meiner Meinung nach müssen wir dieses Verhältnis weiter aufklären.

Wir sprachen bereits in diesem Interview über den Konsum, ein zu einer Sucht gewordenes Verhältnis von Millionen Menschen zu den Gütern. Der heutige Mensch sieht die Standards des menschlichen Verhaltens und spürt das Verlangen, sich an Dinge zu klammern. Also rennt er der Vermehrung seiner materiellen Güter hinterher. Die sogenannte Entwicklung selbst, vor allem ihre technisch-wissenschaftliche Seite, müsste unbedingt in eine mehr menschliche Linie einschwenken. Gelingt es uns nicht, dieses unendliche technisch-wissenschaftliche Instrument, das wir produzierten, zu vermenschlichen, werden wir einem kalten und nur nach Nutzen ausgerichteten Rationalismus verfallen. Wir dürfen nicht von dieser starren Kälte beherrscht werden! Wir müssen neu begreifen, dass der Mensch ein Wesen mit Wärme, Herz, Gefühlen, Leidenschaft ist. Das ist für mich ein sehr wichtiger Aspekt. Auf der gleichen Linie gilt für mich die Herausforderung in Lateinamerika, die sogenannte Globalisierung neu zu überdenken, die wir hier allgemein noch nicht richtig verstanden haben. Denn gleichzeitig mit der Globalisierung der Finanzstrukturen vollzieht sich die globale Diktatur einer einzigen materialistischen und konsumorientierten Kultur, die die vielen traditionellen Kulturen der Völker langsam ersetzt. Diese Tendenz ist für alle offensichtlich, und wir müssen anstelle dessen etwas Besseres finden. Statt eines unkritischen und ungebremsten Konsums wird es notwendig, politisch eine gerechte, ausgewogene Verteilung der irdischen Güter voranzutreiben. Diese Herausforderung verweist uns auf die Soziallehre der Kirche, die uns einige ethische Grundprinzipien in dieser Richtung an die Hand gibt. Doch bei einer sozio-politischen Umstrukturierung solchen Ausmaßes können nicht nur die Kirche und die Christen Subjekte der Durchführung sein. Alle Kräfte in der Gesellschaft sind gefordert! Wir müssen aktiv mitmachen, in Gemeinschaft und in der Subsidiarität. Nur wenn wir uns so in die Gesellschaft einbringen, kann sie gelingen!

Primat der Ökonomie: Reichtum versus Soziale Gerechtigkeit

Wie sehen Sie die wachsende auseinanderklaffende Schere oder die soziale Apartheid zwischen der Welt der Besitzenden, der auf dem Arbeitsmarkt Angekommenen, der mit dem weltweiten Netz der Informationen Verbundenen einerseits und der Welt der Nicht-Qualifizierten für den Arbeitsmarkt, der Nicht-Teilhaber am Netz, derjenigen, die nichts besitzen außer einer unzähligen Nachkommenschaft andererseits. Ist dieser Prozess noch aufzuhalten?

Diesen Prozess gibt es, leider! Doch ich halte ihn nicht für unaufhaltsam, sonst wäre es das Ende! Es gibt auch diese *Apartheid,* vor allem im internationalen Miteinander, wo die *Sieben Großen,* die G7, oder jetzt die *Acht Großen,* die G8, allein bestimmen – und der Rest ist ein Witz! Wir in Lateinamerika, so scheint es, haben nichts zu melden, haben nicht mitzureden! Man spürt, dass unsere Nationen gerne mitreden würden, aber die acht bzw. sieben Großen lassen es nicht zu. Die alleinige Referenz für politisches Gewicht im internationalen Szenario ist die Ökonomie, der Reichtum einer bestimmten Nation. Das ist das größte Problem! Da spielen keine anderen Werte mit, etwa die soziale Gerechtigkeit derjenigen, die sich verteidigen müssen, oder die Kohärenz der Argumente oder die einfachsten Grundbedürfnisse der Völker. Obwohl der wohlhabende Teil der Menschheit seine Privilegien durch die übliche Abschottung zu verteidigen sucht – progressives Schließen der Grenzen, ökonomischer Protektionismus, Luxuswohnanlagen im Stil von Hochsicherheitstrakten in Gefängnissen mit unvorstellbaren Ausgaben für den Schutz durch private Sicherheitskräfte –, wird er niemals mehr wirkliche Ruhe und Lebensqualität finden. Immer wird die Angst umgehen! Wahrer Friede und Zufriedenheit sind das Ergebnis immer größerer Bemühungen um soziale Gerechtigkeit – auf nationaler wie auf internationaler Ebene. Wir müssen dahin kommen, die Solidarität zu globalisieren und die Nöte derjenigen, die am meisten leiden, zum Haupttagesordnungspunkt der großen politischen Treffen zu machen. In diesem Kontext kommt mir jetzt der berühmte Satz der Apostelgeschichte, Kapitel 4, in den Sinn: „Es gab unter ihnen keine Notleidenden.“ Das könnte eine sehr wertvolle ethische Richtlinie unserer Evangelisierung werden, ein Ziel für die ganze Menschheit, um zu mehr Einheit und Integration zu gelangen. Wir Katholiken müssen viel mehr zu Verkündern des sozialen Evangeliums werden! Darin, meine ich, liegt der Wert der Evangelisierung. Natürlich hängt diese so diskriminierende Weltwirtschaft zum größten Teil von den Regierenden, den Konzernen, den Bankern und anderen ab, aber sie hängt auch, allerdings in geringerem Maße, von uns selbst ab, von der katholischen Kirche! Die katholischen Christen evangelisieren nicht so, wie sie es müssten! Wir sind in unserer Verkündigung immer noch an der Oberfläche hängen geblieben! Es gelingt uns noch nicht, uns wirklich der Tatsache der sozialen Segregation entgegenzustellen, für deren Dauerzustand jedoch sich viele Menschen heute einsetzen. Und das sind schlechte Perspektiven für die ganze Menschheit! Unser Evangelium und unsere Predigt haben es nicht geschafft, die Herzen der Reichen zu berühren – und noch viel weniger, sie zu befreien. Ja, ihnen Befreiung zu bringen, denn sie leiden vor allem an sich selbst: Auch wenn die Reichen viele Güter besitzen, kennen sie kein geschwisterliches Miteinander mehr. Was hilft es ihnen, so viele Güter angehäuft zu haben und gar nicht mehr zu wissen, was damit anzufangen wäre?! Vor allzu großer Angst vor Überfällen, Entführungen, Tod unternehmen sie nichts mehr, sind gelähmt! Aus diesem Grunde hängen wir alle von so vielen anderen Faktoren ab. Wenn die anderen uns Böses zufügen wollen, werden sie es immer auf die eine oder andere Art zustande bringen. Es gibt keinen *sicheren Hafen*. Der einzige Ausweg besteht in der Schaffung eines demokratischen Miteinanders Dialog führender Völker, wodurch ein weltweites gegenseitiges Verstehen der verschiedenen Gesichtspunkte begünstigt wird. Ohne dergleichen werden wir nicht die untragbaren gegenwärtigen Zustände überwinden. Aber wir können sicher sein, dass sie überwunden werden können, dass das möglich ist! Wir müssen darauf hinarbeiten.

Religiosität: Rückzug ins Innere oder soziale Herausforderung

In Lateinamerika kommt ein neues religiöses Phänomen auf, das Millionen Menschen erfasst. Wir stellen da fest, dass diese neue Religiosität mehr ein Suchen nach dem entfernten „Heiligen" ist, abgelöst von jeglichen politischen Problemen unserer Zeit. Wem verdankt sich dieses Phänomen? Sollte es einen Trost bedeuten?

Es ist genau das, was die Menschen wollen. Sie möchten das *Heilige* als Schutz, als Vertrauen und Schauer erweckende Macht, mysteriös, esoterisch. Sie suchen eine Religion, die sozial-politisch nichts abverlangt. Wir müssen daran arbeiten, dies zu ändern. Verkünde eine Religion, die keine Verpflichtungen vorschreibt, die nur Vorteile bringt, vor allem auch materielle, und die Leute *steigen ein!* Doch versuche einmal, vom Kreuztragen zu sprechen, von persönlichen Risiken, vom Opferbringen für etwas Höheres! ... Wir dürfen nie vergessen, dass der von Jesus durchlaufene Weg eines vollkommenen Menschseins am Kreuz endete! („In cruce, salus et vita", so lautete Dom Aloísios Wahlspruch als Bischof; Anm. des Übersetzers.) Ohne Kampf und persönlichen Einsatz erreicht man nicht das wahre Glück! Wenn wir das vergessen, werden wir nie eine Spiritualität entwickeln, aus der heraus sich Menschen selbst persönlich engagieren. Es gibt nicht das *Heilige* ohne persönlichen und kollektiven Einsatz für ein edles Ziel, für ein Ideal. Doch die meisten Menschen erhoffen sich von der Hinwendung zum Heiligen an erster Stelle Heil und Wohlergehen. Die religiöse Motivierung wird mehr bestimmt von Angst und Unsicherheit als von Überzeugung und persönlichem Einsatz.

Wenn wir bestimmte religiöse Programme am Fernsehen verfolgen, kommt man leicht zu dem Schluss, dass auch die katholische Kirche wieder auf dieser Welle des Numinosen, der magischen Vorgaukelei schwimmt. Ist dieser Eindruck richtig?

Die Verantwortlichen in der katholischen Medienarbeit müssten diesem Eindruck Einhalt gebieten. Viele der Programme stimmen nicht mit den Richtlinien der CNBB überein. Die Programme wollen alles andere als aufklären oder Gläubige orientieren. Sie wollen Anhänger gewinnen. Es ist ein großer Fehler unsererseits, wenn wir versuchen, es anderen religiösen Gruppen gleichzutun und sich mit Massen zu berauschen. Masse ist nicht alles! Denn der Glaube ist etwas, das aus dem Herzen kommt! Und dieses muss sich bekehren lassen! Das heißt, ich muss mich ganz entschlossen auf Gott einlassen. Und das gelingt mir nicht mit einem Glas Wasser zu Hause auf meinem Tisch, über das der weit entfernte Priester aus dem Fernsehgerät ein Segensgebet spricht! Die Empfänger sehen darin – ziemlich magisch – nur so etwas wie ein Medikament, das ihre Krankheiten heilt. Und so flieht man vor dem Kreuz. Das kann nicht der Weg sein. Auf dem Weg eines Christen darf das Kreuz nicht ausgeklammert werden! Das wollte auch Papst Pius XII. 1943 sagen, als er daran erinnerte, dass die Kirche Jesus Christus als Haupt hat und dass dieses Haupt mit Dornen gekrönt ist. Was will uns das heute sagen?

Das erinnert uns an den deutschen Theologen Dietrich Bonhoeffer, als er über den Begriff „gratia" (Gnade) schrieb. Er unterschied zwei darin enthaltene Worte: Gabe und Aufgabe. Kann man sagen, dass die Mehrheit der Christen an erster Stelle die Gabe möchten und suchen, etwa im Sakramentenempfang, ohne jedoch die Aufgabe übernehmen zu wollen?

In der Tat legen viele Christen nur Wert auf den Empfang der Sakramente, zum Beispiel der Eucharistie. Wie vielen aber ist bewusst, dass der Empfang des Herrenleibes bedeutet, sich wie Jesus für die anderen einzusetzen und selbst zu deren Speise zu werden, so wie Er, Christus, für mich zur Speise wurde? Das ist mit *Aufgabe* gemeint. Ich befürchte, wir haben in unserer Predigt diesen Aspekt nicht genug betont. Wir sind schon zufrieden, wenn die Kirche ziemlich voll ist. Es ist immer wieder dieselbe Versuchung: Wir fühlen uns stark, wenn wir viele Kirchgänger haben! Ich persönlich höre nicht gerne: „Aufgepasst auf diese oder jene Sekte!" Ich glaube, wir müssen die Menschen in unserem Glauben und in unserer Tradition erziehen; das ist der besagte zwischenmenschliche Dialog, in dem derjenige, der Zeugnis gibt, nur durch seine Person selbst überzeugt, anzieht und auf den Weg der Verpflichtungen weist. Wenn dennoch Menschen einen anderen Weg einschlagen wollen, lassen wir sie gehen. Wir müssen immer die Freiheit der Wahl respektieren.

Wo sieht man, dass in der aktuellen katholischen Kirche der theologisch-pastorale Geist der großen Generalversammlungen der lateinamerikanischen Bischöfe von Medellín und Puebla noch überlebt? Welche Zukunft hat er im momentanen kirchlichen Modell, das wir durchleben?

In der Tat werden die Pastoralvorgaben der Dokumente von Medellín und Puebla in der Kirche nicht immer mit Sympathie gesehen. Daran gibt es keinerlei Zweifel. Dennoch bleiben die darin festgelegten Richtlinien auch für den lateinamerikanischen Kontext von heute gültig. Vor allem müsste Medellín noch viel konkreter umgesetzt werden. Dann hätten wir heute eine andere Kirche, denn das Zweite Vatikanische Konzil selbst vermachte uns noch eine Kirche für den Mittelstand. Bis heute haben wir keine Kirche für die Armen, mit dem *Gesicht* dieser Armen! Alles Drängen auf die apostolischen Bewegungen und Vereine ist im Grunde nichts anderes als ein Investieren in den Mittelstand. Das ist ja nichts Schlechtes, doch dabei vergessen wir die Armen! Es besteht kein weiteres Interesse an diesem *menschlichen Abfall.* Die CNBB hat viel darüber gesprochen. Auch unsere evangelischen Brüder, die sich mit anderen Kirchen im CONIC (Nationalrat christlicher Kirchen in Brasilien; die katholische Kirche als Institution nimmt daran teil, ist aber selbst nicht Mitglied) zusammenschlossen und gemeinsam mit uns die Fastenaktionen durchführen. Sie alle sind der gleichen Meinung: Dieser *menschliche Abfall* war immer auch für die Evangelisierung *überflüssig.* Er wurde nicht beachtet; es sei denn als Objekt unserer pastoralen Wohltätigkeit. In dieser Wahrnehmung sind wir also mit den anderen Kirchen einig und müssen uns deshalb mit vereinten Kräften auf den Weg machen. Dabei hilft uns das Konzilsdokument *Unitatis Redintegratio* über die Wiedervereinigung der christlichen Kirchen sehr. Ganz am Ende dieses Dokumentes wird betont, dass wir als Katholiken und reformierte Christen große Fortschritte in der praktischen Ökumene auf dem Gebiet der sozialen Entwicklung machen können, auch wenn wir uns vorher über das Verständnis der sozialen Entwicklung noch einigen müssen. Denn für uns muss sie eine *befreiende* Entwicklung sein. Soziale Entwicklung ohne emanzipatorische und befreiende Teilnahme der verarmten Menschen selbst kann nichts Solides sein und währt nicht lange. Das ist auch einer der Kritikpunkte, die ich dem Regierungsprogramm *Null Hunger* entgegenhalte: Die Idee, den Hunger von Millionen Brasilianern zu stillen, ist natürlich gut, doch der gewählte Weg zu diesem Ziel nicht! Wenn wir die durch das Programm anvisierte Bevölkerungsschicht zu rein passiven Wohltätigkeitsempfängern und nicht zu aktiven Teilnehmern und Akteuren der Lösung machen, dann haben wir diese Menschen nicht wirklich gefördert; wenigstens nicht im Sinne einer echten Staatsbürgerschaft und der christlichen Freiheit.

Basisgemeinden: Keimzellen der Vervollkommnung

Sie kennen die Kirche ganz Brasiliens sehr gut. Sehen Sie einige Hoffnungszeichen, in denen dieses Vermächtnis, dieses Erbe eines in der sozialen Wirklichkeit inkarnierten Evangeliums noch sichtbar wird inmitten der sich immer mehr organisierenden Laien, der Ordensleute, der Theologen oder des Diözesanklerus? Kann es sein, dass eine neue christliche Generation mit prophetischem Geist am Horizont erscheint?

Es gibt nur einen einzig möglichen neuen Weg für die Evangelisierung: Das sind die Basisgemeinden, weil in diesen christlichen Gruppierungen die Menschen am eigenen Leib erleiden, was wir Bischöfe lediglich auf Papier beschreiben. Und weil die Basisgemeinden selbst die vom Elend Betroffenen sind, haben sie Interesse, auf Änderungen hinzuarbeiten und die Probleme an der Wurzel (lateinisch: radix) anzupacken. In diesem Sinne sind sie *radikaler.* Die vielen apostolischen Bewegungen und kirchlichen Vereine jedoch sind von alledem weit entfernt, sie sind *anders gestrickt.* Was wir heute in kirchlichen Kreisen wohl erleben, ist die Tendenz eines persönlichen Strebens nach christlicher Vollkommenheit, aber nicht auf der Linie der Gemeinschaft, die das Wachstum und die Vollkommenheit im kollektiven Sinne einschließt. Für mich hat bis heute noch ein Ideal Gültigkeit, nämlich die Vervollkommnung der Welt und der menschlichen Gesellschaft durch Vervollkommnung kleinerer organisierter Gruppen, in denen sich jeder und jede gemeinschaftlich einbringen kann. Sonst sehe ich persönlich keine Zeichen der Hoffnung: Es sind genau diese Menschen, die sich in unseren Basisgemeinden für ein besseres Leben und eine bessere Zukunft für alle einsetzen.

Kompetenz: Theologen versus Laien

Und was die theologische Front angeht?

Auf dem Gebiet der lateinamerikanischen Theologie gab es meiner Meinung nach in den letzten Jahren einen totalen Schrumpfungsprozess unter guten Theologen. Ich hoffe, dass sie auf der 5. Generalversammlung der lateinamerikanischen Bischöfe in Aparecida (2007) wieder mit dabei sind und ihr Wissen mit einbringen können, denn in den vergangenen zwei Jahrzehnten hatten sie sich zurückgezogen. 1979 auf der Generalversammlung von Puebla spielten sie eine große Rolle bei der Vorbereitung und als Berater während der Versammlung. Doch 1992 in Santo Domingo wurden die theologischen Berater sorgfältig ausgewählt, und man ließ nur solche zu, die für die Entscheidungen der Bischöfe kein größeres Unwohlsein schaffen und sie nicht herausfordern würden. Entsprechend halfen diese theologischen Berater uns kritischen Bischöfe auch nicht bei unseren Studien. Ich persönlich nahm zum Beispiel in Santo Domingo an einer Gruppe teil, auf die man gut hätte verzichten können bei dem, was diese Theologen einbrachten! Sie schienen gar nicht zu wissen, wo sie sich befanden! Wozu solche Berater? Es hatte den Anschein, als wolle man anstandshalber ein paar Theologen unter die Bischöfe mischen. Man hätte uns Bischöfen zugestehen müssen, unsere eigenen theologischen Berater mitbringen zu dürfen, die *besten, zum Denken fähigere, mit geschärften Sinnen,* die auch kritisch hinterfragen und sich selbst auf dem Weg der Kirche unseres Kontinents engagieren. Wenn nichts mehr hinterfragt wird, geht auch nichts mehr voran! Und hier betone ich nochmals die Basisgemeinden: *Sie* hinterfragen uns! Zum Beispiel sind sie fähig, uns direkt vor den Kopf zu sagen: „Unser Pfarrer lebt alles andere als das Evangelium." Das schmerzt in unseren Ohren, nicht wahr? Zu hören, dass ein Priester, dessen Verpflichtung die Verkündigung der Frohbotschaft ist, selbst ganz und gar nicht lebt, was er verkündet! Aber diese Menschen haben den Mut, es zu sagen! Unser großes Problem ist, nur schöne Worte zu machen und zu predigen und erbauliche Einkehrtage abzuhalten. Sehr schön, danke! Aber in Wirklichkeit kommen wir mit alledem nicht weiter. Die großen, wirklich relevanten Reformen werden nicht durchgeführt, weil wir immer noch nicht wirklich – denn rechtlich sind wir schon so weit, wenigstens auf dem Papier – die Stellung und die christliche Würde der Laien, Frauen und Männer, anerkennen! Solange es da keinen Mentalitätswechsel gibt, werden wir nicht die enorme Abhängigkeit des Volkes vom Klerus überwinden. Es gibt einen Artikel darüber von Pater França Miranda, den zu lesen ich ihnen dringend ans Herz lege! Ausgehend von der Konzilskonstitution *Gaudium et spes,* beleuchtet er ein uraltes Problem: das Verhältnis zwischen katholischen Christen und der Politik bzw. zwischen Kirche und Staat. Ich fand den von Miranda gesetzten Akzent über die aktive politische Einmischung der Christen sehr gut. Auf diesem Gebiet müssen die Laien die Vorkämpfer sein, nicht der Klerus. Das heißt, die Laien müssen Autonomie besitzen!

Neue Wege für Theologie und Kirche

Einige Befreiungstheologen spezialisieren sich in letzter Zeit mehr auf Fragen der Ökologie. Einige halten das für eine gute Ergänzung für die Theologie; andere denken, diese Theologen suchen nur neue Forschungsfelder. Was halten Sie von der neuen theologischen Akzentsetzung in Richtung Probleme der Erde?

Ich glaube nicht, dass diese Theologen vom Wege abgekommen sind, weil die Befreiung der Erde zur theologischen Reflektion dazugehört. Die Probleme der Nutzung der Erde und des Landes berühren Fragen der Ungleichheit, die so viele Probleme hervorruft. Ich halte diese Fragenstellungen für sehr bedeutend. Sie müssten sogar intensiviert werden.

Welche Art von Theologie braucht die Kirche von heute? Die derzeitigen Theologen mahnt man gerne, dass sie nicht nur eine kritische Aufgabe haben, sondern auch eine kirchliche; das heißt, sie sollen sich in Gehorsam zu den Bischöfen üben und zu Erbauern der Spiritualität werden. Wie sieht die Theologie für heute und für die Zukunft aus? Braucht die Gesellschaft überhaupt eine Theologie?

Ich meine, Theologie muss ganz und gar kontemplativ sein. Wir müssen weg von einer allzu verstandesmäßigen, wissenschaftlichen Theologie. Kontemplative Theologie bedeutet: die Offenbarung Gottes sprechen lassen. Das müssen wir vertiefen, es ist so wichtig! Ich glaube, die Gesellschaft erwartet genau das von der Theologie. Zu dieser Frage gehört auch unsere Art der Predigt. Für jeden von uns ist die Kontemplation wichtiger als die Verstandeseinsicht. Das heißt nicht, dass das wissenschaftliche Denken nicht wichtig wäre, aber wir müssen die Wahrheit aus sich sprechen lassen, weil der große Zeuge Gott selbst ist: Theologie bedeutet Zeugnisgeben, und in diesem Sinne braucht die Gesellschaft sie.

Viele Theologen sind noch Gefangene ihrer Kirchen, denen sie angehören. Mit anderen Worten: Wir machen weiter mit der katholischen Theologie, mit der protestantischen usw., jeder in seinem Getto. Wie können die Theologen aus ihrem Getto herauskommen?

Das Volk jedenfalls erwartet das von ihnen. In nicht allzu ferner Vergangenheit hatten wir solch gute Theologen wie z.B. Dietrich Bonhoeffer. Auch Theologen wie Leonardo Boff und Frei Betto arbeiten auf dieser Linie. Als sie zum Beispiel auf dem letzten Weltforum in Porto Alegre redeten, waren die Säle voll. Das zeigt, dass die Menschen von der Theologie erwarten, dass sie über Fragen zur menschlichen Person, zur Frage: *Wohin steuert die Welt?,* oder über die *Lage, in der sich die Menschheit befindet,* reflektiert.

Seit dem Aufkommen der Moderne gab es eine Trennung zwischen Vernunft und Glaube und eine Trennung zwischen Erkenntnis (Gnosis) und praktizierter Nächstenliebe (Agape), was selbst Papst Johannes Paul II. beklagte. Wird in Zukunft diese Spaltung zwischen Wissen und Religiosität gut sein, oder müssen Anstrengungen unternommen werden, beide Seiten miteinander zu verbinden?

Jede Richtung muss der anderen gegenüber offen bleiben, weil beide absolut notwendig sind. Ich kann nichts für die Agape tun, wenn ich nichts für die Erkenntnis tue und umgekehrt. Die Lösung liegt in der Harmonie, im Miteinander, im Dialog beider Seiten. Das wird die Menschheit in verschiedenen Aspekten sehr bereichern, weil wir ohne unser Nachdenken nicht leben können, aber ohne die Nächstenliebe auch nicht. Beides muss Hand in Hand gehen.

Man spricht heute viel von einer neuen Evangelisierung und dass die Kirche künftig missionarischer werden müsste. Es hat jedoch den Anschein, dass ein Bewusstsein dieser Art von Nachfolge Jesu im Herzen der Kirche, in Pfarreien, Diözesen und Kurien noch nicht gewachsen ist. Sind Sie dennoch hoffnungsvoll bezüglich eines Erfolgs dieser Evangelisierung in der Kirche und Welt von heute? Worauf stützt sich diese Hoffnung?

Das ist in der Tat eine große Schwierigkeit für unsere Zukunft. Dennoch habe ich Hoffnung! Und diese Hoffnung verankere ich in dem, der letztlich *die Wasser bewegt, alle Dinge neu macht, das steinerne Herz durch ein Herz von Fleisch und Blut ersetzt.* Wie sollte es auch anders sein! Gott wird weiterhin am Werk sein, die Stäbchen legen, die suchenden und fühlenden Herzen der Menschen beunruhigen und die Suchenden anstoßen! Was wir nicht dürfen, ist ein Nickerchen halten und einschlafen, so wie es bei den fünf törichten Jungfrauen in Matthäus 25,1–13 der Fall ist, nur weil wir den Eindruck haben, dass der Bräutigam – die neue Realität Gottes – nicht kommt! Gott sei Dank gibt es viele, die auch so denken wie ich: Menschen, die leiden und das Leben gerne anders hätten und daran arbeiten. Ich sage immer: Wir schaffen es! Ich weiß nicht wann, aber wir kommen dahin! Wir dürfen nie die Waffen strecken! Natürlich die Waffen unseres Glaubens, unserer Hoffnung, unserer Nächstenliebe und unseres Lebenszeugnisses! Wir müssen weitermachen zu arbeiten, zu schreiben, darauf zu bestehen. Ein Beispiel: Unter meinen Franziskanerbrüdern zirkuliert eine Monatszeitschrift, ein internes Kommunikationsblatt.

Ich schreibe regelmäßig Artikel darin und versuche, den Sinn des Lebensweges zu beleuchten und dafür Mut zu machen. Wenn wir den Bruder an unserer Seite nicht *wachrütteln,* geht nichts voran! Ich glaube, es zirkulieren viele Zeitschriften und Blätter in unseren Pfarreien und Diözesen, aber sie müssten alle mehr die Linie des persönlichen und gemeinschaftlichen Engagements und des Glaubens an eine bessere Zukunft betonen, eben wegen der Verheißungen unseres Gottes. Aber was sieht man statt dessen in diesen Blättern? Die Inhalte geben Antworten auf nicht gestellte Fragen und sind weit entfernt von der Realität der Menschen! Die Sprache unterliegt einem Jargon, den außerhalb der Kirche niemand versteht. Die Hauptsorge gilt einem guten Funktionieren des Pfarrlebens. Doch wenn wir die Kirche aus den konkreten Problemen der Welt und der Menschheit heraushalten, bringen wir sie nicht weiter, nicht wirklich! Denn *Kirche* ist für mich an erster Stelle eine *Versammlung,* eine Realität, die aus dem Volk geboren wird, auch wenn durch das Wirken des Geistes, auch wenn Petrus und das apostolische Kollegium ihr vorstehen! Wenn wir das nicht verstehen, treten wir ewig auf der gleichen Stelle.

Ein solcher Mentalitätswechsel würde für die ganze Kirche eine andere Ausbildung des Klerus, des Diözesan- und Ordensklerus, erfordern, weil die jetzigen kirchlichen Strukturen, ob man will oder nicht, für den Klerus privilegierte Positionen vorsieht. Was müsste sich in der Priester- und Bischofsausbildung ändern, damit in der Kirche die Hoffnung über die Angst siegt?

Persönlich finde ich es gut, wie man derzeitig Wert auf eine gute intellektuelle und akademische Ausbildung der künftigen Priester legt. Doch das genügt mir nicht: Ein katholischer Priester benötigt vor allem eine Ausbildung an der *Basis des Lebens,* in den eigenen bereits gemachten oder noch zu erlebenden Erfahrungen. Diese Basislebenserfahrungen lernt er dann im Lichte des Glaubens zu bewerten. Sie sind das Ausgangsmaterial, sozusagen der Rohstoff der Vernetzung von Glaube und Leben, der der Kern der Ausbildung ist. Deshalb müssen wir von unseren Seminaristen verlangen, dass sie alle, ausnahmslos, gute missionarische Erfahrungen sammeln, was für mich so viel bedeutet wie: eingepflanzt im Alltagsleben mit dem einfachen Volk zu bleiben. Ausgehend von dem, was sie dort erleben, erfahren, verstehen, werden sie im Lichte des Glaubens und der theologischen Reflexion über Aktionspläne nachdenken, um diese Realität zu verändern. Wohl verstanden: Es gibt keinen anderen Weg, um voranzukommen! Das gilt ebenfalls für uns Bischöfe! Wir bewegen uns nur allzu oft auf einem sehr hohen Reflexionsniveau, mitten in philosophisch-theologischen Begriffen – was ja nicht schlimm ist, bitte richtig verstehen! –, doch uns gelingt nicht der Abstieg zur Basis. Ohne diesen Abstieg nach unten, in die Lebensbedingungen des Volkes, geht den Bischöfen und Priestern eine einzigartige große Lebenserfahrung verloren: nämlich die Erfahrung, wie gut die Menschen sind. Und wie gut es ist, bei ihnen zu leben! Die Armen, auch wenn wir ihnen gegenüber Angst haben, möchten nur weiterkommen im Leben, sie haben einen guten Willen, versuchen ständig, die Situation ein wenig besser zu machen. Das habe ich so oft erlebt! Deswegen ist das Eingepflanzt-Werden in die Realität des Lebens des Volkes oft erst der Anfang eines Mentalitätswechsels unserer selbst und ein Richtungswechsel unserer Arbeit. Und daraus muss unser philosophisches und theologisches Denken gesteuert werden. Unsere Reflexion muss von konkreten Problemen und Realitäten ausgehen! Wir müssen die Zeichen der Zeit wahrnehmen und interpretieren können. Schön und gut, alles zu studieren, was Jesus, die Apostel, die Evangelisten, die Väter des Urchristentums gesagt haben. Doch zeigt und beschränkt sich der Wille unseres Herrn nicht auf diese hoch geschätzten Texte und Vorschriften. Er offenbart sich auch in den Zeichen unserer Zeit! Gott spricht auch heute noch zu seinem Volk! Deshalb muss die Ausbildung der Seminaristen als zweites Merkmal für die theologische Reflexion und die künftige Pastoralarbeit neben den heiligen Büchern und der Tradition vor allem auch die Umstände des heutigen Lebens berücksichtigen. Denn wer vorhat, Hirte zu sein, muss die Tagesgeschehnisse des Lebens verstehen. Das fehlt in der Ausbildung! Das mag für viele Ohren befremdlich klingen, aber ich nenne es *Missionsgeist,* herauszugehen an die Ränder der Gesellschaft in einer wahren *ministerialen Gesinnung,* denn Ministerium heißt *Dienst.* Ein *Minister*

– also ein kirchlicher Amtsinhaber – muss *dem Volk dienen* und *nicht sich des Volkes bedienen.* Lange Zeit haben wir Kleriker uns des Volkes bedient! Nehmt als Beispiel die Kirchensteuern und Kollekten: Wenn diesen finanziellen Gaben unserer Gläubigen nicht ein missionarisch-ministerieller Geist gegeben wird, sollte man die Bemühungen, Geld aufzutreiben, nicht verstärken; denn der Sinn solcher Gaben liegt darin, eine Gemeinschaftskasse zu haben, woraus die christliche Gemeinde nehmen kann, um den Bedürftigen zu helfen und eine Pastoral zu fördern, die sich helfend und verändernd einbringt. Wie soll man nun die Mentalität eines Priesters ändern, der aus rein ökonomischem Interesse eine Pfarrei übernimmt? Er predigt den anderen die Worte Jesu, „keine Schätze anzusammeln, die von Motten zerfressen werden“ (Matthäus 6,19), aber er selbst missbraucht seinen ministerialen Dienst, um sich ein Haus am Strand zu leisten, einen neuen Jahreswagen und andere Bequemlichkeiten, die das moderne Leben so bietet. Natürlich verliert er so all seine Glaubwürdigkeit! Ich möchte nicht verallgemeinern, aber wie viele Seminaristen aus armen und bescheidenen Verhältnissen träumen von einem Leben als *Pfarrer in großem Stil!* Unsere Ausbilder müssen versuchen, innezuhalten und derlei Motivationen zu korrigieren.

Priesterausbildung und Priesterbild in der Kritik

Ist die Struktur eines Priesterseminars nicht selbst Kern des Problems? Die Idee kam vom Konzil von Trient (1545–1563), nämlich die Kandidaten im Internatsleben zu erziehen, sie von der Welt da draußen abzukapseln und sie mit allen notwendigen materiellen und intellektuellen Gütern auszustatten, damit sie künftig zur Zufriedenheit der Gläubigen pastoral arbeiten können. Seminaristen jedoch, die alles von ihren Diözesen umsonst bekommen – Unterkunft, Unterhalt, Studienmöglichkeiten usw. – leben im Vergleich zu ihren Zeitgenossen rundum so privilegiert, dass jegliche Identifizierung mit dem Leben des Volkes, von dem wir oben sprachen, ein schlechter Witz ist. Viele von ihnen ziehen es in den Ferien vor, statt ins arme Elternhaus ins Landesinnere zurückzukehren oder in einem schönen Pfarrhaus in der

Stadt die Ferien zu verbringen. Wäre es nicht an der Zeit, die tridentinische Epoche hinter sich zu lassen und das Seminar zu schließen?

Ich würde nicht das Seminar schließen, wohl aber die Gewohnheiten der Kandidaten ändern! Persönlich war ich immer dagegen, dass ein Seminarist in den Ferien statt im eigenen Elternhaus unter der Obhut eines Pfarrers bleiben sollte. Es ist so wichtig für den Ausbildungsprozess eines Seminaristen, immer wieder zu seinen Ursprüngen, zu seinen eigenen Wurzeln zurückzukehren. Bereitet er sich doch vor, aktiv am ganzheitlichen Umwandlungsprozess der Lebensrealität seines Volkes teilzuhaben, aber nicht dieser Realität zu entfliehen! Ich wiederhole: Gelingt es uns nicht, unsere Priesteramtskandidaten für ein solidarisches Zusammenleben mit dem Volk zu motivieren, dann würden wir wirklich besser daran tun, das Seminar zu schließen! Weil das Seminar die Faulheit fördert, Menschen zur Bequemlichkeit und ohne Rückgrat ausbildet! In der Zeit, als ich in einem Säkularinstitut in Rom für die spirituelle Ausbildung der Theologen verantwortlich war, galt die Norm: Ihr braucht ein Rückgrat! Wer das nicht hat, sollte besser das Institut verlassen! Es ist eine Frage der Persönlichkeit, des Charakters. Denn wer andere Menschen orientieren will, muss mindestens selbst gelernt haben, glaubwürdig Antwort geben zu können, sich selbst unter Kontrolle haben, sich selbst zurücknehmen können und sich selbst hintan stellen können. Beklagenswerter Weise gibt es nicht wenige Fälle, in denen die Priesterweihe für den Kandidaten gleichbedeutend war mit einem schönen Pfarrhaus – gewöhnlich ist das alte Haus nicht gut genug und muss als Erstes umgebaut und verschönert werden – mit einem neuen Auto und einer Flugreise ins Heilige Land oder nach Europa …

Die Erwartungen an den Priester sind ganz unterschiedlich, je nachdem wer sie stellt. Rom und ein Teil traditioneller Katholiken erwarten von ihm, dass er in einer ständig sich verändernden Welt von den ewigen und unveränderlichen Werten und Wahrheiten des Christentums Zeugnis ablegt. Ein anderer großer Teil der katholischen Mittelschicht und der liberalen Kultur erwartet, dass der Priester wie sie sei: modern, liberal, verständnisvoll und flexibel. Die große Mehrheit der Armen dagegen möchte den Priester so: einfach, zum Anfassen, mit gutem Herzen, Freund und gastfreundlich. Kann die Kirche ein Priesterprofil ausarbeiten und noch dazu einen Ausbildungsweg, um solch unterschiedlichen Erwartungen gerecht zu werden?

Ohne zu zögern, möchte ich antworten, dass man natürlich nicht allen gerecht werden kann. Doch für das Profil eines Priesters gelten die in Medellín festgelegten und in Puebla bestätigten Richtlinien für die Kirche. Beginnen wir mit der bevorzugten, prophetischen und solidarischen Option für die Armen. In unserem sozialen Kontext müssen wir zu allererst Priester für die Armen und mit den Armen ausbilden, denn das ist die dringlichste Herausforderung der frohen christlichen Botschaft und wird zu allererst erwartet. Alles Weitere kommt dann von allein. Ich kann auch die Mittelklasse pastoral betreuen und für ihre Anliegen sensibel sein, aber nicht außerhalb oder abseits von der größeren Option für die aus der Gesellschaft Ausgestoßenen. Deren Stimme muss ich inmitten der Mittelschicht, in den kirchlichen Klubs und Vereinen sein. Ein Beispiel, wie das funktionieren kann, war für mich immer ein ausländischer Priester, der viele Jahre lang in Crateus, der Diözese von Bischof Antonio Fragoso, arbeitete. Er hieß Pater Alfredinho. Seinen Lebensabend verbrachte er in São Paulo. Er lebte dort mit den Obdachlosen zusammen unter den Brücken. Die Menschen hielten ihn alle für einen Heiligen. Selbst Akademiker gingen beschenkt wieder von ihm, wenn sie Kontakt zu ihm aufgenommen hatten. Pater Alfredinho hatte einen klaren Kopf und das Herz am rechten Fleck. Er zeigte Verständnis für alle möglichen Lebenssituationen. Nicht dass er zu allem Ja und Amen sagte; er war nur barmherzig. Persönlich schätzte ich diesen Priester sehr. Er starb praktisch auf der Straße, mitten unter den Obdachlosen. Mich erfüllt der Gedanke mit Stolz, dass dieser vorbildliche Mensch so lange Jahre hier bei uns in einer Nachbardiözese lebte und wirkte! Ein solches Leben darf nicht in Vergessenheit geraten. Sein Leben und sein Beispiel müsste jemand zu Papier bringen! Er war nicht dumm oder einfältig. Er hielt Einkehrtage und Exerzitien für Ordensleute. Es war herzerfrischend, ihn mit seiner poetischen Ader und sehr sympathischen Ausdrücken sprechen zu hören. Ich will sagen: Wenn wir die Armen im Leben und in unserer pastoralen Hinwendung ganz vornean stellen, verlieren wir nicht notgedrungen das Feingefühl für die Liberalen in den Mittelklassen. Wir beobachten, wie sehr sich das kirchliche Lehramt um ewige Werte sorgt, doch weder die Moderne noch die Tradition können sich darauf berufen, wenn sie den Armen nicht aus seinem sozialen Gefängnis befreien!

Auslegung der Bibel durch Volk und Wissenschaft

In den aus dem Geist von Medellín und Puebla erwachsenen Basisgemeinden entstand neben anderen originellen Neuerungen das sogenannte volksnahe Bibellesen. Dabei war es erlaubt, gemeinschaftlich die Heiligen Texte zu interpretieren. Das Volk durfte sich dazu äußern. Wie stehen Sie zu dieser eigenwilligen Form der Bibelbewegung in Lateinamerika?

Ich habe diese Bewegung immer sehr wohlwollend begleitet. Es ist äußerst spannend, wenn das Volk selbst die Bibel lesen und interpretieren darf. Klar, wenn da mal etwas ganz und gar missverstanden oder falsch interpretiert wird und dass wir dann ein klärendes Wort dazu sagen. Aber das ist die Ausnahme. Das Volk weiß sehr wohl die biblischen Texte zu interpretieren und das Wort Gottes intuitiv in das eigene Leben zu übertragen. Deswegen scheint mir diese Art, mit heiligen Texten umzugehen, sehr positiv. Ich habe es auch so in den Basisgemeinden erlebt. Zu Anfang einer jeden Versammlung lesen die Anwesenden ein Stück aus der Bibel, und durch viele Versammlungen hindurch zieht sich dann bis zum Schluss diese biblische Botschaft. Immer wieder hört man, wie jemand sagt: „Heute Morgen wurde dieses und jenes vorgelesen … In meinem Leben bedeutet das …“ Das Wort Gottes muss sogar auf diese Weise in unser alltägliches Leben eingehen; deshalb sollten wir unbedingt auf diesem Weg fortfahren. Wir haben hier in Brasilien einen bekannten Theologen, den Exegeten Frei Carlos Mesters aus dem Karmelitenorden, der in seinen Werken immer sehr lebendig und überzeugend von dieser Art der Bibelauslegung ausgeht, die sich im Leben des Volkes gründet. Ich habe schon lange nichts Neues mehr von ihm gelesen, aber seine Bücher sind sehr wertvoll für den Weg der Kirche Brasiliens. Und es gibt auch noch andere, die dem Volk sehr helfen, weil sie ein offenes Ohr für die Realität des Lebens haben. Diese Bibelwissenschaftler, Frauen und Männer, halfen mit all ihrer Gelehrsamkeit sehr dem Volk, öffneten Horizonte des Verstehens für die einfachen Christen; und gleichzeitig erweiterten sie ihren eigenen theologischen Horizont aus der Sicht der Armen. Sie gehören zu dem Wertvollsten, was die Kirche Lateinamerikas der Welt schenkte.

Es scheint, dass die hermeneutische Freiheit in der Kirche größer wurde, vor allem in der Kirchengeschichte und auf dem Gebiet der Heiligen Schrift. Papst Leo XIII. erlaubte die Öffnung der Archive des Vatikans am Ende des 19. Jahrhunderts und sagte: „Die Kirche hat keine Angst vor der Wahrheit.“ Und Papst Paul VI. erlaubte die historisch-kritische Exegese im 20. Jahrhundert. Dürfen wir hoffen, dass im 21. Jahrhundert die hermeneutische Freiheit erweitert wird auf das Gebiet der dogmatischen Theologie, die sich bisher sozusagen mit einem Panzer gegen jegliche Versuche der geschichtlichen Relativierung schützte? Oder ist diese Hoffnung zu utopisch?

Ich habe den Eindruck, dass das bereits in irgendeiner Form geschieht. Denn eines muss uns klar sein: Eine Norm, ein Dogma ist ein Ziel, an dem man angekommen ist. Es ist aber nicht das Endziel. Es ist eine Art Leuchtfeuer, ein Bezugspunkt, von wo aus man weitergehen kann. Das hat auch Papst Johannes XXIII. in seiner berühmten Rede zur Konzilseröffnung ganz klar herausgestrichen! Das Dogma ist eine Art Fixpunkt, an dem wir uns orientieren: Bis hierhin sind wir gekommen! Von hier aus können wir mit Sicherheit weitergehen! Dieses dynamische Verständnis von Dogma ist relativ neu in der Kirche, aber es ist wesentlich für die Zukunft. Im Moment machen wir uns das noch zu wenig zu eigen. Zum Beispiel brachte die letzte Synode zur Eucharistie praktisch nichts Neues, nichts, was über das Dekret des Konzils von Trient hinausginge. Meiner Ansicht nach ist so eine Synode, die nichts Neues zu dem hinzufügt, was die Tradition bereits sagt, reine Zeitverschwendung. Wir müssten stattdessen die Sprache, die Trient prägte, um das Geheimnis der Eucharistie zu beschreiben, in unsere Zeit übersetzen: Wie müssten wir uns heute ausdrücken? Und in welchen Punkten müssten wir weitergehen, als es die tridentinische Sicht erlaubt? Solche Überlegungen werden bereits gemacht, hier und heute. Auch bei dem aktuell sehr heiklen Thema *Mariologie* ist ein größerer hermeneutischer Fortschritt zu bemerken. Aber da gibt es noch viele unbeantwortete Fragen, die im Dialog mit unseren Brüdern und Schwestern anderer christlicher Bekenntnisse geklärt werden müssten. Dennoch glaube ich, kommen wir voran! Man bekennt sich heute ohne Weiteres zur Existenz verschiedener literarischer Gattungen in der Bibel, zu Ausdrücken, die nur in jener antiken Kultur des Orients Sinn machten. Das alles gilt in der Tat auch für die dogmatischen Formulierungen, weil auch ein Dogma in seiner linguistischen Ausdrucksweise immer mit einer ganz bestimmten Kultur verbunden ist. Ohne diese Kultur zu verstehen, ist es nicht möglich, diese Ausdrucksweise zu verstehen. Erst wenn man die zugrunde liegende Kultur versteht, kommt man dem Kern der Glaubenswahrheit näher, den man ohne Weiteres von seiner Ursprungskultur loslösen kann, um ihn in neuer kultureller Kleidung der modernen Kultur von heute zum Ausdruck zu bringen. Ich glaube nicht, dass die Weitergabe der Einheit unseres Glaubens durch solche Schritte einer hermeneutischen Freiheit – auch auf dem Gebiet der Dogmatik – gefährdet ist.

Gehorsam versus Gewissensfreiheit und Dialog

Charakteristisch, jedenfalls nach Meinung vieler Beobachter, war für das letzte Pontifikat unter Papst Johannes Paul II., dass das kirchliche Lehramt Normen und Richtungen angab und ihnen gegenüber „unterwürfigen Gehorsam des Willens" eines jeden Gläubigen verlangte. Kann man von Papst Benedikt XVI. mehr Entgegenkommen erhoffen, dass er lediglich die Werte des Evangeliums und die allgemeinen Prinzipien der Tradition verkündet und es der Gewissensfreiheit eines jeden Christen überlässt, in letzter Instanz selbst zu entscheiden, wie er diese Werte und Prinzipien in jeder Lebenssituation anwendet?

In der Tat glaube ich, müssen wir viel mehr in diese Richtung drängen. Das Wort, das heute das Leben der Kirche prägt und nicht mehr zurückgenommen werden kann, heißt *Dialog.* Dieser führt uns im Grunde dazu, Zeugnis abzulegen. Evangelisieren heißt, Zeugnis geben von einem authentischeren Leben – das Leben in Christus, das Leben in der Gnade. Der andere selbst weiß, ob dieses Lebenszeugnis wirklich auch seinem eigenen Glaubensverständnis und seinen tiefsten Sehnsüchten entspricht. Der Glaube ist gleichsam ein Angebot, das von jedem einzelnen frei bewertet werden will, denn ein auferlegtes Gebot, das freies Wollen mit blindem und unreflektiertem Gehorsam verwechselt, macht den katholischen Glauben oft apathisch. Also ist es nur logisch, wenn sich immer mehr Menschen von der Kirche abwenden. Wo etwas auferlegt wird, gibt es keine Gnade! Das Angebot Gottes jedoch kommt ganz unentgeltlich als reines Geschenk zum Menschen. Und wenn der Mensch ganz frei Gott gegenüber ist, gibt er ihm mit Freude seine Antwort. Und ohne Zweifel muss auch die Kirche selbst dieser Methode Gottes folgen. Das bedeutet einen riesigen Mentalitätswechsel, denn jahrhundertelang war die Kirche autoritär bestimmend. Ich bete dafür, dass die Kirche mit der Perspektive auf Verständnis und Dialog endlich einen Kurswechsel vornimmt bezüglich des Tons und der Forderungen aus Rom.

Damit sich dieser Wechsel vollziehen kann, müssten da nicht zuerst die katholischen Gläubigen umerzogen werden? Denn dieses Machtgebaren vonseiten der Kleriker hat tiefe Wurzeln. Es wird von den Laien, die durch die Jahrhunderte hindurch gelernt haben, sich an die Weisungen des Lehramts zu halten, immer noch zu wenig infrage gestellt. Welche Wege einer Umerziehung könnte man gehen?

An erster Stelle müssten die Priester besser für die Beziehung zu den Gläubigen vorbereitet werden. Normen, Gesetze und Statuten bestimmen fast alles in unseren Diözesen und Pfarreien: Dieses ist zu tun, jenes zu unterlassen. Manchmal haben Menschen gute Gründe, all diesen Anweisungen nicht zu folgen, doch sehen sie sich dann benachteiligt, zensuriert. Am Ende wenden sie sich gar ab. Wir müssen die Mentalität der Priester ändern! Er muss lernen, mehr auf das christliche Gewissen der Menschen zu vertrauen. Zu den Aufgaben eines Hirten gehört es jedenfalls nicht, festzulegen, was die Christen zu tun und zu lassen haben, wohl aber ihnen zu helfen, ihr Gewissen am Evangelium auszurichten. Und da stoßen wir wieder auf die ewig gleiche heikle Frage nach der Subjektivität! Das Gewissen, auch wenn es durch die Kirche mit christlichen Werten genährt wird, bleibt letztlich doch immer frei, sich seine Sicht der Welt und seine Form selbstverantwortlichen Handelns anzueignen. Und also haben wir, die Förderer des christlichen Gewissens, diese subjektiv andere Sicht der Dinge dieser Menschen zu achten! Es mag sein, dass wir das nicht verstanden haben, aber nach meinem Dafürhalten wollte uns das Zweite Vatikanische Konzil diese eine große Lektion lehren: dass wir mehr auf die Meinungen und Lebensoptionen der Menschen unserer Zeit hören und sie respektieren sollten – auch wenn sie nicht immer mit unseren Meinungen übereinstimmen, auch wenn sie sich von unseren Optionen unterscheiden! Es ist eine Grundsatzfrage für die Zukunft, ob wir den Menschen respektieren als eine freie Person, die sein kann, was sie ist, und denken kann, wie sie will! Ich möchte es nochmals betonen: Wir alle, einschließlich Pfarrer und Bischöfe, müssen neu lernen, mehr und genauer hinzuhören! Ich selbst bin noch in einer Zeit geboren, wo wir zur Kirche gingen, um dem Priester oder der Katechetin zuzuhören: Wir gingen nicht hin, um selbst zu reden, viel weniger noch, um zu diskutieren. Aber diese Zeit ist endgültig vorbei! Wenn damals die Priester ausgebildet waren, nur um zu sprechen, zu verkünden und zu hinterfragen, müssen wir sie heute mehr von der Tugend des Hinhörens überzeugen. Dieser Prozess wird möglicherweise seine Zeit brauchen, um vom lehramtlichen Gehabe loszukommen; aber ich denke, die Menschheit bewegt sich in Richtung einer psychologischen Volljährigkeit und in ein Zeitalter der Souveränität des Gewissens.

Der Bischof als Hirte und das Priestertum im Wandel

Was würden Sie mit Ihrer pastoralen Erfahrung in der brasilianischen, lateinamerikanischen Kirche als größte Lektion und wichtigste Lehre hervorheben, die als Orientierung einer neuen Generation von Bischöfen auf unserem Kontinent dienen könnte?

Für mich heißt das Schlüsselwort: *mehr hinhören, weniger sprechen – der Stimme des Volkes mehr Gehör schenken!* Denn das Volk verfügt über eine Lebensweisheit, die zu uns spricht: Sie kommt mitten aus ihrem Leben. Ich müsste als Bischof diese Weisheit mehr berücksichtigen. Wir haben uns allzu sehr an die Rolle des Bischofs gewöhnt, der den *Schafen* den Glauben verkündet. Er steht vorne, und wenn er pfeift, kommen die Schafe zu ihm. In der Tat, Jesus spricht vom guten Hirten, der vor seinen Schafen steht. Der Sinn allerdings zielt mehr auf das Können und die Verfasstheit des Hirten, das eigene Leben für seine Schafe zu geben! Wirklich Hirte ist der, der die Gläubigen und ihre Probleme kennt und verantwortungsvoll mit ihrem Leben umgeht. Wenn er vorangeht, dann nicht um Normen zu erlassen, sondern um in mutig christlichem Vertrauen auf Gott im Zeugnisgeben zu dienen! Besonders betonen aber möchte ich diesen Punkt: Wichtig für das Leben eines Bischofs – auch das eines Priesters oder Christen – ist nicht nur, die offenbarte Lehre zu bezeugen, sondern vor allem mit dem eigenen Leben das unerschütterliche Vertrauen auf Gott zu bezeugen! Wie Papst Paul VI. in seiner Enzyklika *Evangelii Nuntiandi* sagte: Wir brauchen weniger Meister und mehr Zeugen des Evangeliums. Für Lateinamerika ist das ein wichtiger Hinweis.

Könnte man sich auch eine andere Form vorstellen, die priesterliche Mentalität zu ändern, indem man die Gruppen zum Priesteramt zulässt, die traditionell ausgeschlossen werden: verheiratete Priester, berufene Frauen und homosexuelle Kandidaten? Wie stehen in absehbarer Zukunft die Chancen, dass sich das kirchliche Lehramt zu jeder dieser Gruppen bekennt?

Bezüglich verheirateter Priester ist mein berechtigter Eindruck, dass es da eine positive Entwicklung geben wird. Natürlich werden dann viele von ihnen auch gar nicht mehr wollen. Aber denjenigen, die noch möchten, sollte man eine Chance geben. Schließlich bringen diese Priester sehr reiche Lebenserfahrungen mit. Sie könnten vielen Menschen durch ihren priesterlichen Dienst helfen. Für mich vorstellbar wäre, dass verheiratete Priester eines Tages wieder gleichgestellt würden. Und was das Frauenpriestertum angeht, sehe ich persönlich, dass dem nichts entgegensteht. Gut, Papst Johannes Paul II. beantwortete 1998 für die Zeit seines Lebens in einem Motu Proprio die Frage der Priesterweihe endgültig damit, dass diese nur für Männer infrage käme. Damals jedoch diskutierte man viel über den rechtlichen Charakter dieser Erklärung, ob sie ex cathedra sei oder nicht. Die päpstliche Kongregation für die Glaubenslehre sagte ja, wohingegen viele renommierte Theologen aus der ganzen Welt nein sagten, weil der Papst nicht jene feierlichen Worte benutzt habe, die er normalerweise verpflichtet sei zu nutzen, wenn er einen spezifischen Glaubensinhalt als ein offenbartes Glaubensdogma verkünden will. Also an diesem Punkt steht die Tür für die Frauen offen. Ich glaube auch, dass dieses ganze Problem der Stellung der Frau in der Kirche und in der Gesellschaft von uns neu aufgegriffen werden müsste! Die Debatte begann unter Papst Paul VI., wurde aber nicht weitergeführt. Das ist schade. Die Frage, ob homosexuelle Kandidaten zum Priestertum zugelassen werden, stellt sich kirchenrechtlich allerdings schwieriger dar: Homosexualität steht im kirchlichen Gesetzbuch unter den *Irregularitäten,* die *per se* den Zugang zu geweihten Ämtern verwehren. Etwa so, wie das auch für einen blinden Menschen gilt: Er könnte noch so spirituell, liebenswürdig und fleißig sein – Blindheit an sich würde immer ein enormes Hindernis für die persönliche Verwirklichung des priesterlichen Dienstes bedeuten. Dieser Mensch selbst würde nicht glücklich werden. Das gilt analog auch für die Homosexualität. Neben den persönlichen Problemen, mit denen der Betroffene fertig werden müsste, wäre er in fataler Weise konfrontiert mit der Ablehnung und dem Unverständnis eines großen Teils der kirchlichen Gemeinde. Wir machten da bereits negative Erfahrungen. Wie könnte unter solchen Bedingungen dieser Mensch glücklich und erfolgreich sein? Deshalb halte ich es für hoffnungslos, dass sich die offizielle Stellungnahme des kirchlichen Lehramtes bezüglich der Homosexualität ändert. Die anderen beiden erwähnten Gruppen können hoffen: die verheirateten Priester und die Frauen. Ich sehe beispielsweise so viele Ordensfrauen, die sogar in einer Diözese die Jahresexerzitien für die Priester leiten. Was geschieht? Die Priester beichten oft nicht untereinander, wohl aber bei einer Schwester. Allerdings darf sie nach dem Kirchenrecht keine Absolution erteilen! Ich frage mich immer wieder: „Warum nicht?" Das soll mal einer verstehen! Es gibt diese Frauen ausschließende Tradition in der Kirchengeschichte, doch wie soll man diese Tradition wertschätzen und erklären? Handelt es sich um eine Offenbarung göttlichen Willens, um eine Bestimmung der Apostel oder lediglich um eine rein kulturelle Tradition? Das Problem müsste direkt aufgegriffen und gelöst werden! Bei allem Respekt vor Papst Johannes Paul II., der sich gegen diese Möglichkeit geäußert hat! Doch sein Nein gilt effektiv nur für die Dauer seines eigenen Pontifikates und bedeutet nicht, dass das Thema nicht jederzeit wieder aufgegriffen werden könnte. Jedoch gegen den homosexuellen Priester wiegt viel mehr als die Homosexualität an sich. Hier spielt vor allem die negative öffentliche Stimmung in den Gemeinden eine Rolle. Das ist weit komplizierter.

Doch die homosexuellen Priester gibt es! Viele Seminaristen mit offensichtlich homosexuellen Neigungen werden von Bischöfen nach einem Gutachten des Seminars geweiht. Ihrer Darlegung nach würde das zu einem Leiden führen – sowohl für die Betroffenen als auch für die Gemeinde. Welche menschlich machbaren und verantwortlichen Wege könnten vonseiten der Ausbilder beschritten werden, um diese Menschen noch zur Seminarzeit richtig zu orientieren, damit sie ihre Berufswahl neu überlegen?

In Ihrer Frage ist die Antwort bereits enthalten: Wir müssen die Priesteramtskandidaten während ihrer Seminarzeit besser begleiten. Wünschenswert wäre eine professionellere Hilfe in der psychologischen Beurteilung, wenn es um die Motive der Berufung geht. Eine authentische Berufung eines Priesters hat nicht nur seine Selbstverwirklichung vor Augen, sondern ebenso das Wohl der Gemeinde der Gläubigen. Ich möchte keine Homosexuellen wegen ihrer Veranlagung diskriminieren und ausschließen, wohl aber ihnen zu verstehen helfen, dass sie nie als Priester glücklich sein und sich verwirklichen werden, weil ein Großteil der Gemeinde sich wahrscheinlich von ihnen abwenden wird. Wie würden sie sich fühlen, wenn sie ihre Verantwortung spüren, dass viele Eltern ihre Kinder nicht mehr zur Kirche schicken oder viele nicht mehr zur Beichte gehen? Mir sind solche Fälle bekannt. Diese Fakten gibt es. Sie sind real. Nicht dass dabei nur die Kirche sich selbst und ihren öffentlichen Ruf innerhalb der Gemeinde, die großenteils keine Homosexuellen akzeptiert, schützen möchte, sondern auch um zu vermeiden, dass die Betroffenen selbst mit ihrer Berufsperspektive frustriert, gebrochen und unglücklich werden. Es wird mit Sicherheit weniger traumatisch, sie von diesem Weg noch zu Seminarszeiten abzuhalten, als zusehen zu müssen, wie sie Jahre später im priesterlichen Dienst gezwungen werden, wegen einer allzu gnadenlosen öffentlichen Meinung zurückzutreten. Dann kommen nämlich die Suspendierung von der Weihe, rechtliche Schritte … Bei alledem ist unter Bischöfen, Erziehern und Rektoren der Seminare noch viel Gesprächsbedarf über den Ernst der Konsequenzen gewisser Priesterweihen und über den notwendigen Mut, im frühen Stadium einer Berufsorientierung einzuschreiten. Es gibt Priesteramtskandidaten, die in einer Diözese nicht weiterkommen und dann zu einer anderen gehen, obwohl der dortige Bischof über das psychologische und emotionale Profil dieses jungen Mannes informiert wurde. Fehlendes Einvernehmen unter den Bischöfen bleibt weiterhin ein Problem. Gewiss ist es schwer, dass jemand persönlich von dem sich gesteckten Ziel zurücktreten muss. Oft träumen er und seine Familie bereits vom Weihefest. Doch ein gut orientiertes Leben ist mehr wert als ein Fest, nicht wahr?

Ökumene als Teil der Kirche

Wir erwähnten bereits oben die Stagnation der ökumenischen Bewegung während des Pontifikates von Papst Johannes Paul II. Sie ist ins Stocken geraten. Was wäre mit Blick auf die Zukunft möglich, damit die Ökumene auf allen kirchlichen Ebenen in unserem Jahrhundert wieder neu belebt werden könnte?

Zunächst möchte ich gerne den Begriff *Ökumene* näher erklären. In der Tat wissen viele Menschen innerhalb und außerhalb der Kirche nicht recht, was Ökumene bedeutet, oder aber sie hegen falsche Hoffnungen. Voraussetzung für die Ökumene unter Christen ist an erster Stelle und grundsätzlich eine Haltung des Sich-Öffnens hin zu den Unterschieden, hin zum Anderen, in dem Fall zu den Schwestern und Brüdern der anderen Kirchen. An zweiter Stelle werde ich zeigen, dass wir alle für diese Öffnung verantwortlich sein müssen! Es handelt sich nicht um eine Art *Hobby* einiger weniger. Die Ökumene ist Teil der Kirche als solche und schließt alle Konsequenzen einer Annäherung mit anderen christlichen Gemeinschaften ein. Danach möchte ich auf die Treffen zu sprechen kommen: Ich habe viele Erfahrungen damit sammeln können und nahm an ökumenischen Treffen mit Pastorinnen und Pastoren teil. Dabei änderten sich nicht selten meine fest verwurzelten eigenen Ideen. Am Ende fragte ich mich immer: Warum können wir nicht gemeinsam Seite an Seite weitergehen? Und das nicht nur in Bezug auf soziale Fragestellungen oder auf die Förderung der Menschen, sondern auch in Bezug auf Glaubensfragen?! Denn schaut: Welches *Knäuel* muss entwirrt werden? Wo liegt der Knackpunkt in Fragen der Ökumene, der gelöst werden muss? Meiner Meinung nach ist es unser Verständnis von Taufe, von Eucharistie und vor allem unser Weiheverständnis. Im Verständnis der Taufe gab es meiner Ansicht nach bereits eine starke Annäherung unter den größeren Kirchen. Hier ist man in den Gesprächen sehr weit vorangekommen. Schwieriger ist momentan die Frage der Eucharistie. Jedoch ist das nach dem katholischen Verständnis gebunden an das geweihte Priestertum in der katholischen Kirche. Es ist der Opfergedanke der Eucharistie, der einen Priester erforderlich macht und nicht nur einen Presbyter. Das Verständnis von Opfer und geweihtem Priestertum ist der wahre *Zankapfel.* Ich denke, hier müssten wir uns ein wenig bewegen, wenn wir auf eine größere Einheit unter den Christen hinarbeiten wollen. Wir hatten 1999 ein erstes ökumenisches Treffen mit einer gemeinsam verabschiedeten Erklärung zwischen Katholiken und Lutheranern zum Thema *Rechtfertigung,* eines der alten *Schlachtpferde* von Luther und vom Trienter Konzil. Als sich die beiden Delegationen damals in Augsburg versammelten, ließen sie alle polemischen Diskussionen der Vergangenheit – aus dem 16. Jahrhundert! – beiseite und stellten die Frage neu: Was denken wir Lutheraner – heute?! Was denken wir Katholiken – heute?! Und so kamen sie auf einen gemeinsamen Nenner! *Das* ist der Weg! Es war ein großer Schritt. Ich nahm kurz darauf auf Bitten des Heiligen Stuhls und der verantwortlichen Autoritäten der Lutheraner an einem ökumenischen Treffen von Lutheranern und Katholiken teil. Da ging es darum, dass jede Seite ihren Standpunkt zum jeweiligen Glaubensbekenntnis darlegen sollte. Mich hatte man gebeten, die katholische Sicht der Rechtfertigung darzulegen. Als ich meine Ausführungen beendete, äußerte ein Pastor spontan: „Dom Aloísio ist mehr Protestant als wir!" Ich fand das damals ulkig, doch sieht man daran, dass wir – einer vom anderen – nicht weit entfernt sind.

Wege einer neuen Evangelisierung

Die katholische Kirche verkündete anlässlich des Millenniumwechsels die Notwendigkeit einer neuen Evangelisierung. Es bleiben jedoch Zweifel hinsichtlich des Ziels dieser Evangelisierung. Die katholische charismatische Bewegung wetterte mit dem Slogan: „Wir wollen Gott." Und die CNBB ihrerseits mobilisierte die Kampagne: „Wir wollen Jesus sehen." Mag der Wunsch auch noch so legitim sein, zu dem Heiligen vordringen zu wollen, stellt sich doch die erlaubte Frage, wie diffus und vage diese Orientierung hin zu einem erneuerten Christentum, welches Bestand haben soll, bleibt?!

„Wir wollen Jesus sehen." Diesen Satz aus dem 12. Kapitel des Johannesevangeliums halte ich für mehr als berechtigt. Einige Griechen bitten die Jünger, Jesus zu sehen. In der diesem Evangelisten eigenen Theologie bedeutet *Jesus sehen* einen ersten Schritt, um sich darauf dann seiner Liebe zu verpflichten. In diesem Sinne könnte das Thema für eine Neuevangelisierung interessant sein. Aber persönlich glaube ich nicht, dass es genügt, Jesus zu sehen. Es ist notwendig, *sein* zu wollen wie Jesus! Und deshalb hat man ja auch den Vers 14,6 hinzugefügt, wo es heißt: „Ich bin der Weg, die Wahrheit und das Leben."

Jesus selbst will nicht angebetet und gesehen werden – Thomas wollte *sehen* und wurde vom Meister zurechtgewiesen! –, sondern er möchte Nachfolger haben, und er machte sich selbst zum Weg. Es wäre besser gewesen, wenn diese Akzentuierung der Nachfolge und die Identifizierung mit der Sache Jesu bereits aus dem Motto der Kampagne klar hervorgegangen wären. In einer späteren Bewertung muss dieser Punkt berücksichtigt werden.

Hat man nicht den Eindruck, dass es in der Kirche viele wunderschöne Ideen und edle Vorschläge gibt, die aber dennoch nicht umgesetzt werden?

Ja, wir ersticken in einer Fülle guter Absichten. Schaut man etwa in diesen Tagen in den liturgischen Kalender, findet sich dort ein Tag der Kommunikation, ein Tag der Mission, ein Tag des Priesters, ein Tag hiervon und ein Tag davon. Es reicht, die sonntägliche Liturgie selbst mit all dem zu überfrachten. Es wurden viel zu viele spezielle Tage geschaffen. Durch das Außergewöhnliche werden wir vom Wesentlichen abgelenkt. Ich bin gegen das alles. Ein weiteres gutes Beispiel sind die alljährlichen Fastenkampagnen, die jeweils unter einem bestimmten Motto stehen. Natürlich wirft jede Kampagne enorm viele Fragen auf, hinterfragt, bietet Lösungsvorschläge und Aktionen an, doch bevor eine Pfarrei oder Basisgemeinde dazu kommt, alles zu vertiefen und in die Praxis umzusetzen, steht bereits die nächste Kampagne mit einer komplett anderen Thematik vor der Tür. In diesem verrückten Rhythmus der Produktion von Dokumenten, Basistexten, neuen Liedern und vielem anderen mehr erreicht man nichts als hier und da ein paar symbolische Gesten. Wenn dann der Palmsonntag gekommen ist, findet die Kampagnenkollekte statt – und das Volk hat den Eindruck, dass damit das Thema beendet ist! Die CNBB sollte das alles neu überlegen. Gleiches könnte ich über den Pastoral- und Evangelisierungsplan der CNBB sagen, der alle vier Jahre neu überarbeitet wird. Auch das ist nicht Zeit genug, um ihn gründlich zu vertiefen. Alle vier Jahre ändert man das Thema, den Fokus, die Sprache. Das müsste nicht so sein. Es werden gute, interessante, herausfordernde Pläne erarbeitet, die nach vier Jahren dann *in Rente geschickt* und in die Ecke gestellt werden! Ich möchte mich auf ein Wort von Papst Benedikt XVI. berufen, der zu den deutschen Bischöfen sagte, wir bräuchten keine Neu-Evangelisierung, wir bräuchten nur Evangelisierung. Das Wort *neu* ist in der Tat nur eine Marotte, die den Eindruck erweckt, als habe die vorherige Evangelisierung gar keine Ergebnisse gebracht. Es ist nicht so, dass alle vorausgegangene Arbeit, alle bisherigen Ziele und Methoden vergangener Jahrzehnte neu erfunden und ersetzt werden müssten! Es geht darum, jene Ziele und jene Methoden auf die Welt von heute hin zu aktualisieren!

Hat die Sucht nach immer Neuem und nach Erneuerungen, die so kennzeichnend für die heutige Konsumgesellschaft ist, auch die katholische Kirche infiziert? Kann es sein, dass die ständige und dauerhafte Weihe des persönlichen Lebens an Christus Schaden nimmt durch die ungebremste Vervielfältigung von Themen, Organisationen und Kampagnen, die allesamt zur Oberflächlichkeit verführen?

Das ist wahr. Es ist so oberflächlich, dass wir ratlos sind! Obwohl ich immer alles aus der Nähe verfolgt habe, ist für mich immer noch jener Pastoralplan von 1966, direkt nach dem Zweiten Vatikanischen Konzil, ein großer Meilenstein. Ohne mich in Einzelheiten zu verlieren, sah der damalige Pastoralplan für die brasilianische Kirche sechs Linien oder Grunddimensionen vor. Genau diese müssten verfolgt und belebt werden, immer wieder neu. Natürlich braucht das seine Zeit! Stattdessen produzieren wir immer wieder Neuigkeiten. Und so überrumpelt eine kirchliche Instanz die andere. Die allgemeinen Richtlinien der nationalen CNBB erreichen zum Beispiel die regionale CNBB von Ceará, wo sie studiert und in die lokale Realität umgesetzt werden. Bevor diese Arbeit jedoch vollendet ist, kommen bereits wieder neue Vorlagen von der nationalen CNBB. Ich habe das am eigenen Leib erfahren! Die Dokumente häufen sich. Aber wie werden sie in die Praxis umgesetzt? Es entstehen ausgezeichnete Protokolle über Intentionen und Vorhaben, aber es gibt nicht genügend Zeit zu deren Durchführung. Wir müssen diesen Prozess mäßigen. Deswegen bezeichnete ich auch das neue Statut der CNBB als schwierig, weil die neuen Abteilungen, die dort eingerichtet wurden, etwas vorzeigen und

Dokumente produzieren wollten. Wir Bischöfe bekamen ganze Berge davon; und außer denen von der CNBB kommen jetzt noch die vom Heiligen Stuhl hinzu. Was können wir tun? So jedenfalls kann es nicht weitergehen!

Medien und die Suche nach Glücklich-Sein

Wir kommen nicht umhin anzuerkennen, dass wir im Zeitalter der Massenkommunikation und allgemeiner medialer Visualisierungen leben. Wer nicht gesehen wird und sich nicht mitteilt, verschwindet, ohne irgendeine Spur hinterlassen zu haben. Was wäre Ihrer Meinung nach das richtige Maß für die Kirche im Umgang mit Massenmedien, ohne dabei in ein künstliches und opportunistisches Marketinggehabe abzurutschen?

Wir können nur mit einer missionarischen Gesinnung an diese Medien herangehen. Was will ich damit sagen? Wir dürfen durch einen katholischen Sender die Zuhörer oder Zuschauer nicht zu unseren Fans machen. Wir dürfen nicht in Konkurrenz zu anderen Glaubensrichtungen um den *religiösen Markt* kämpfen. Missionarischer Geist und missionarische Tätigkeit bedeuten für mich letztendlich all das, was der menschlichen Person zu einem guten Leben verhilft. An erster Stelle denke ich nicht an die Verbreitung der religiösen Doktrin an sich, jedoch wohl, dass all unsere Mitteilungen und kulturellen Programme durchzogen sind von humanistischen Grundsätzen. Der Grundgedanke ist jener Ansatzpunkt des heiligen Augustinus: das glückliche Leben. Welche Nachricht, welche Reportage in den Medien, welche Art, ein bestimmtes Thema anzugehen, hilft den Menschen, eine glücklichere und solidere Lebensexistenz aufzubauen? Ich möchte für diesen humanistischen Ansatzpunkt ein Beispiel nennen: In Porto Alegre wurde einmal ein Treffen zum Thema *Abtreibung* veranstaltet; besser gesagt, zur Möglichkeit der *Ent-Kriminalisierung von Abtreibung.* Organisiert wurde das Treffen von der Rechtsfakultät der *Katholischen Päpstlichen Universität.* Niemand von den geladenen Rednern, alle sehr kompetente Fachleute, ging das Thema mit spezifisch religiösen Argumenten oder Motiven an. Stattdessen versuchten sie, den menschlichen Aspekt einer Abtreibung darzulegen: Was bedeutet eine Abtreibung – menschlich gesehen, juristisch gesehen? Ich sollte die Eröffnungsrede halten und vermied es ganz bewusst, mit der katholischen Lehre zu moralisieren. Ich sagte nur, die katholische Lehre sei uns allen bekannt, jedoch möchten wir den humanen Aspekt vertiefen. Danach gab es eine ganze Reihe von Vorträgen und Treffen zur Würde der menschlichen Person. Wenn wir in den öffentlichen Medien zu diesem Thema sprechen, sollten folgende Fragen der Leitfaden sein: „Was hilft dem Menschen von heute, dass er glücklicher wird? Was hilft ihm, seine Würde wiederzuentdecken und sie zu bewahren?" So jedenfalls gehe ich selbst in den Medien vor und versuche nicht, eine Antwort auf die Frage zu geben, warum der Katholizismus besser sei.

Doch genau in diesem Punkt der Suche des Menschen nach Glück und gutem Leben bekommen doch die Vorstellungen der katholischen Kirche den heftigsten Widerstand und die häufigsten Kritiken in den Medien: „Alles, was gut ist, verbietet die Kirche." So verlautet es jedenfalls. Wie gehen Sie damit um?

Die Debatte um ein *glückliches Leben* und *das Glück* ist Jahrtausende alt. In der philosophisch-spirituellen Tradition des Westens wie auch des Orients gibt es viele Wege des menschlichen Suchens. Es ist eindeutig, dass in unserem jetzigen zivilisatorischen Modell das Glück mit momentanen Genüssen gleichgestellt wird, die als unmittelbares Erleben gesucht werden. Das nennt man Hedonismus. Das Individuum besteht – und das zu Recht – auf Selbstverwirklichung, auf das Zufriedenstellen seiner Bedürfnisse und Wünsche. Es sieht in den kirchlichen Weisungen nichts als ein verhasstes Bremsen oder gar eine teuflische Macht, die sich jedem Vergnügen entgegenstellt. Nach meinem Dafürhalten muss das kirchliche Lehramt diesbezüglich zwei Hindernisse überwinden: Einerseits trägt es in der Tat eine negative Tradition mit sich herum, was jegliches fleischliche und weltliche Vergnügen angeht. Diese Tradition muss überdacht und korrigiert werden. Andererseits, so scheint es, haben wir noch keinen entsprechenden Sprachgebrauch gefunden, um dem heutigen Menschen – in der Tradition der weisen Menschen – mitzuteilen, was wir unter einem glücklichen Leben verstehen. Das menschliche Streben richtet sich immer auf das Unmittelbare: die Erfüllung der Wünsche, hier und jetzt. Beobachten wir nur, wie Kinder sind. Ein Kind will nicht das Nein als Antwort. Es will alles, jetzt, und versteht nicht, warum es hin und wieder auch mal warten muss. Es weiß noch nicht, dass das Glück, das sich nach längerem Warten einstellt, noch viel größer ist ... Viele Erwachsene verhalten sich in Bezug auf ihre Wünsche wie Kinder. Doch der Kirche gelingt es nicht, ihr Verständnis von vollkommenerem, gereifterem Glück verständlich darzulegen. Der Fehler mag in der Sprache des Lehramtes liegen. Wir wissen es nicht genügend zu erklären, warum der längere und schwierigere Weg oft zu besserer Lebensqualität führt. Im Gegenteil dazu führt der schnelle Weg oft zu vorzeitigen Frustrationen. Wegen unserer kommunikativen Unfähigkeit verstehen die Menschen von unserem moralischen Diskurs nur den verbietenden, einengenden und bestrafenden Aspekt. Und so tragen wir dazu bei, dass ganz in Vergessenheit gerät, dass das eigentliche Ziel der katholischen Erziehung das menschliche Glück ist, wobei dieses nicht mit kleinen Glücksmomenten verwechselt werden darf. Menschliches Glück verwirklicht sich im Laufe des ganzen Lebens, das auf Kohärenz und Ausgewogenheit beruht. Ich glaube, es fehlt uns an psychologischer Sensibilität, vor allem im Gebrauch der sozialen Kommunikationsmedien. Die Psychologie, das Studium über das innere menschliche Verhalten, kann uns zum Intimen des Menschen führen, zur Arbeit mit den unbewussten mentalen Schichten. Wir Bischöfe und Priester müssen das erlernen. Wir kennen uns aus in der Theologie und Philosophie, aber nicht in der Psychologie. Wenn die Kirche also heute in den modernen öffentlichen Medien ihre Botschaft verkündet, muss sie größere Sensibilität und Takt zeigen, wenn sie die Menschen im Innersten erreichen will.

Charismen und die Herausforderungen unserer Zeit

Gab es in der Geschichte der kirchlichen Charismen irgendein spezielles, das Ihrer Meinung nach besonders gut auf die Herausforderungen unserer Zeit eine Antwort geben könnte? Oder müssten wir Gott um ein neues Charisma bitten, das eine bessere Antwort auf die Komplexität des Lebens im 21. Jahrhundert gäbe?

Wir alle haben Charismen, aber nicht alle stellen ihre Gaben und Talente zur Verfügung. Wir brauchen keine neuen erbitten. Ich glaube, alle Charismen, die notwendig sind, um eine bessere Welt vorzubereiten, sind bereits unter uns gegenwärtig. Nur dass sie sich noch nicht zeigen. Viele begraben ihre Talente, vielleicht aus Angst. Wenn ein jeder von uns alles geben würde, wenn wir unsere eigene Sichtweise einbringen würden, wenn wir dafür kämpfen würden, sie in die Praxis umzusetzen, dann würden sich die Dinge ändern.

Welches Charisma ist heute in der Kirche und in der Welt vonnöten?

Das Charisma der Evangelisierung, und zwar von einem Menschen, der sein Glück darin sieht, in der jeweiligen Kultur der heutigen Menschen zu evangelisieren. Das größte Erfordernis ist die Inkulturation der Kirche und ihrer Botschaft in der Welt von heute. Bis heute wissen wir nicht, wie wir das, was wirklich im christlichen Leben wichtig ist, ausdrücken sollen. Doch es gibt Menschen unter uns, die eine neue Sprache sprechen und ein neues Zeugnis ablegen.

Kann es an Wagemut in der Kirche fehlen?

Ja, daran fehlt es eindeutig. Interessant ist, dass Papst Johannes Paul II. bereits großen Wert auf den Aspekt des Wagemutes, der inneren Glut und der Kühnheit legte. Aber die Menschen halten in der Kirche heute lieber den Mund, ziehen sich stillschweigend zurück. Man zieht sich zurück gerade wegen eines gewissen Hindernisses vonseiten derer, die diese Charismen fördern müssten; sie werfen einem Knüppel zwischen die Beine. Unsere Theologen zum Beispiel: In dem Moment, wo sie *in tiefere Gewässer* vordrangen, behinderte man sie – und sie zogen sich zurück. Das war sehr entmutigend!

Ist das übertriebene Beharren auf Gehorsam gegenüber dem kirchlichen Lehramt letztendlich verantwortlich für fehlendes Charisma in der heutigen Kirche?

Was geschieht, ist, dass die Christen vorsichtig werden. Sie wollen sich nicht bloßstellen. Was dabei dann aber verschwindet, ist die Spontaneität. Damit diese wieder zum Tragen kommt, müssen wir Bischöfe den Menschen zeigen, wie sehr wir ihre Offenheit schätzen. Jemand, der offen redet, will niemanden beleidigen, sondern möchte einen Beitrag leisten. Diese offene Haltung fehlt in der Kirche! Alle haben sich zurückgezogen, haben sich einschüchtern lassen. Deswegen schauen wir nun alle auf Rom, um zu sehen, wie Papst Benedikt XVI. sich verhält. Und wir? Wir kommen nicht aus der Reserve. Solange wir nicht wissen, wie es künftig weitergeht, ziehen wir es vor, uns nicht zu weit mit der eigenen Meinung aus dem Fenster zu lehnen, weil wir immer noch das Bild von Kardinal Ratzinger in unserem Kopf haben. Es mag sein, dass Papst Benedikt XVI. sich zu Neuem öffnen möchte, aber es wird ihm nicht leichtfallen, sich von seiner Vergangenheit frei zu machen.

Gibt es eine Tendenz zu einem gewissen charismatischen Narzissmus, in dem das Charisma weniger als Dienst an der Gemeinschaft gelebt wird, sondern mehr als krankhafte Selbstbezogenheit des Individuums? Was ist zu sagen zum neuen Phänomen eines Priesters, der sich als Medienstar feiern lässt, als Animateur auf der religiösen Bühne, als erfolgsreicher Verkäufer von CDs? Wenn die religiöse Botschaft heute verkauft werden muss und also für die Ohren der großen Massen angenehm zu klingen hat, wie will man da noch für das waghalsige Charisma eines Propheten werben, der für die Gesellschaft unbequem sein kann?

Es genügt nicht, das Charisma eines Chansonsängers zu haben und zu leben oder das eines Animateurs der Liturgie, um zu behaupten, dass sich der Heilige Geist offenbart. Leider gibt es viele Übertreibungen in der Kirche. Solche Charismen benötigen eine Orientierung. Wenn sie nicht für das Allgemeinwohl arbeiten, für die Errichtung einer wahren und dauerhaften Fraternität, für ein authentisches Sich-Einlassen auf das Evangelium und auf die Welt von heute, dann können solche persönlichen Gaben mehr Unheil als Heil anrichten. Es gibt viele, die für sich selbst Karriere machen wollen. Ihr Ziel ist nicht, den Menschen zu helfen. Ich selbst hege eine gewisse Abscheu gegen das, was man heute vielfach wieder *In-verschiedenen-Sprachen-Reden* nennt. Ich bekenne, dass ich daran wenig glaube. Ich wohnte verschiedene Male solchen Manifestationen des Heiligen Geistes bei und vertrete die Ansicht, dass wir nur die eine Sprache reden: Portugiesisch!

Kirchenmodelle im Wandel: Basisgemeinden – Papsttum

Obwohl die Basisgemeinden in gewisser Hinsicht eine wahre Wiedergeburt wichtiger urchristlicher Charismen in der Kirche Lateinamerikas erleben, werden sie in den offiziellen Dokumenten gar nicht erwähnt und erhalten immer weniger Unterstützung der Hierarchie. Hätten Sie eine spezielle Botschaft an die Christen, die sich weiterhin – oft unter schwierigen Voraussetzungen – für eine Kirche in den Kernzellen kleiner Basisgemeinden einsetzen?

Die Kirche benötigt in der heutigen Welt die kleinen christlichen Gemeinschaften, die Basisgemeinden, vor allem in der Welt der Verarmten, der aus der Gesellschaft Ausgestoßenen, der Vergessenen. Kirche ist und muss vom Wesen her eine Gemeinschaft des Glaubens und des gemeinsamen Lebenskampfes, Erbauerin wahrer geschwisterlicher Bande sein. Sie muss nicht Menschenmengen zusammenrufen und ihnen ein Unterhaltungsprogramm anbieten. Alle katholischen Einrichtungen und Bewegungen müssen die Basisgemeinde als Modell haben, als Form des Kirche-Seins. Auch wenn nicht alle in der Kirche die Basisgemeinden so sehen, erinnere ich die Kritiker an die Worte Jesu Christi: „Vater, ich preise dich, weil du das den Weisen und Intelligenten verborgen und den Kleinen geoffenbart hast“ (Matthäus 11,25). Oft bewirken die Basisgemeinden viel mehr als alle großen Vereinigungen, die es so gibt und die viel Tamtam um sich veranstalten und „vor sich her posaunen“ (Matthäus 6,2). Als Kirche müssen wir die Basisgemeinden noch mehr unterstützen, verbreiten und entwickeln. Durch diese kleinen christlichen Gemeinschaften an der Basis kann das Volk, das in weiter Zerstreuung lebt, seine definitive Erfahrung von Kirche machen.

Sehen wir das richtig, dass das erste christliche Jahrtausend mehr ein synodales, kollegiales und gemeinschaftliches Kirchenmodell kannte und dass im zweiten Jahrtausend mehr das Papst-Modell – vertikal, pyramidal – vorherrschte? Gäbe es eine Prognose für das dritte Jahrtausend? Wohin geht die katholische Kirche?

Zur Zeit bewegt sich die Kirche in die Richtung, die der Papst vorgibt. Vieles hängt von der Akzentsetzung und der Betonung ab, die Papst Benedikt XVI. bestimmt. Ich persönlich glaube, dass wir wieder auf das synodale, kollegiale Gemeinschaftsmodell der Basisgemeinden zurückkommen müssen. Die Kirchengeschichte bewegt sich in Wahrheit in diese Richtung, denn wenn die Verantwortung in den Händen einer einzigen Person oder Einrichtung konzentriert liegt, wird sie monopolisiert. Das bedeutet immer, dass der Kirche Schaden zugeführt wird, dass die große Mehrheit lahmgelegt und ihr das Leben entzogen wird. Wir sollten nicht nur an ein stabiles kirchliches Leben denken. Lasst uns ein dynamisch-kirchliches Leben suchen! Wenn wir erst einmal gelernt haben, die Verantwortlichkeiten nach dem Modell *Gemeinschaft und Partizipation* zu verteilen, können wir dann weitere Schritte machen. Ich bin sehr neugierig zu sehen, welchen Weg Papst Benedikt XVI. einschlägt. Das wird sehr wichtig sein, denn – ob man will oder nicht – der Papst hat heute einen enormen Einfluss im Leben der Kirche und der Welt.

Müsste da nicht ein Wunder geschehen, damit der Papst seine zentrale Machtstellung aufgibt, die sich durch die Jahrhunderte um seine Person festigte? Kann man realistisch hoffen, dass sich eine solche Institution wie das Papsttum so der Macht entkleidet?

Ich glaube, ehrlich gesagt, ja. Denn das letzte Konzil gab dafür bereits die Richtung vor. Und in der Tat ist schon einiges erreicht: Nach dem Konzil stützten wir uns zum Beispiel viel mehr auf unsere Bischofskonferenzen. Auch wenn uns neuerdings wieder von Rom so viele Hindernisse in den Weg gestellt wurden, um das praktisch autonome

Leben dieser Konferenzen zu beschneiden! Wir müssen darum kämpfen, dass genau diese Hindernisse wieder aus dem Weg geräumt werden! Im Maße der Weiterentwicklung der kontinentalen und nationalen Bischofskonferenzen werden wir die Kirche im Sinne der *Gemeinschaft und Partizipation* stark machen. Wenn uns das gelingt – und ich weiß, es wird uns gelingen! –, wird die Kirche ein neues Gesicht bekommen, ein viel reicheres und vielfältigeres Leben: eine wahrhaft katholische Kirche in Afrika, in Asien, in Lateinamerika, wo sie jeweils in Eigenverantwortung ihren Weg gehen kann! Einheit in der Vielfalt – da müssen wir hin!

Dom Aloísios Rückblick in die Zukunft

Zurück und nach vorne blickend: Fehlt noch etwas Wichtiges, das Sie als Christ und Staatsbürger noch realisieren möchten? Gibt es einen Unterschied zwischen dem Staatsbürger Leo Arlindo Lorscheider und dem Kardinal und Erzbischof Aloísio in Bezug auf den eigenen Lebensauftrag?

Schwer zu beantworten. Gut, objektiv betrachtet ist es doch nicht so schwer, weil ich inzwischen emeritiert bin und bereits einen Nachfolger habe. Damit kehre ich in meinen ersten Stand zurück. Staatsbürger ist und bleibt man immer. Doch mein erster Stand war der eines Franziskanerbruders. Jetzt habe ich mich wieder in das Leben eines Franziskaners einzufügen und mich den Orientierungen des Ordens unterzuordnen; und darin ändert sich nicht viel. In der Tat hatte ich nie große Projekte oder Interessen, die über mein Bischofsamt hinausgegangen wären. Ich bin und bleibe lediglich – und auch weiterhin – für die Kirche verfügbar, falls ich nützlich sein könnte. Das Bischofsamt kann man nicht ablegen. Aber da ich jetzt außer Dienst bin, trage ich dafür keine Verantwortung mehr, und alles wird leichter – einerseits; andererseits aber auch schwerer, denn in allem, was ich tue und was man mich bittet zu tun, habe ich den Weg der Bischöfe im Amt zu respektieren. Darüber zu sprechen, fällt mir schwer …

Fühlen Sie sich auch als Emeritierter noch von den Kollegen der CNBB gut angenommen?

Ja, aber ich nehme, wie die meisten emeritierten Bischöfe, an keiner Generalversammlung mehr teil. Ich habe nichts mehr zu sagen. Ich habe getan, was zu tun meine Pflicht war. Und danach zog ich mich zurück. Ich tue nur noch das, worum man mich bittet.

Dom Aloísio, wir bitten noch um ein letztes Wort, eine letzte Botschaft nach so vielen Tagen, an denen wir diese Interviews in einem so geschwisterlichen Dialog mit Ihnen führen durften.

Nicht entmutigen lassen! Der Heilige Geist führt die Kirche. Er ist ihre Seele. Wir dürfen nicht Medellín aus den Augen verlieren, darin liegt viel Weisheit; ebenso wichtig Puebla und Santo Domingo. An diesen drei Pfeilern müssen wir uns festhalten. Ich hoffe, die nächste Generalversammlung der lateinamerikanischen Bischöfe wird auf dieser Linie fortschreiten. Aber es sind langsame Prozesse; sie brauchen ihre Zeit. Aber wir werden es schon schaffen! Wir säen jetzt, was andere später ernten. Deshalb nur Mut! Nicht verzweifeln!

IV.
Zeitzeugen und Zeugnisse

Dom Aloísio: An erster Stelle „Hirte“

von Ana Maria de Freitas

Im Gespräch mit den Basisgemeinden von Fortaleza fällt immer wieder der Name *Dom Aloísio Lorscheider,* und dieser Name ruft immer wieder die Erinnerung an die Kämpfe der 1980er Jahre um Land und Wohnraum wach. Ich übertreibe nicht, wenn ich noch das Wort *Freiheit* hinzufüge. Niemand sonst aus der kirchlichen Hierarchie von Ceará hatte den Mut eines Dom Aloísios, um die Menschenrechte der von der Diktatur Verfolgten und der Strafgefangenen zu verteidigen. Damals war die Theologie der Befreiung die Grundlage für alle Weiterbildungskurse in der Erzdiözese und in der Region. Also teilte man miteinander das Gedankengut der Freiheit, auch im Wissen und im Bewusstsein um die Lage des ganzen südamerikanischen Kontinents, der von imperialistischen Mächten unterdrückt wurde. Wenn auch nicht alle am gleichen Strang zogen, so gab es doch noch ein klares Bewusstsein im Denken.

Ich möchte von meinen eigenen Erfahrungen mit Dom Aloísio als Erzbischof im Verhältnis zu den Basisgemeinden berichten. Ich bin eine von vielen, die von Dom Aloísio lernten, in einer kleinen Kommunität zu leben. Wir waren Laien, Priester, Nonnen und Seminaristen, die in der Stadt verstreut wohnten, in strategisch gelegenen Häusern in den Favelas oder in ganz einfachen Gemeinschaften, wo wir versuchten, eine lebendige Kirche präsent zu machen, eine Kirche als Volk Gottes, die sich unter die dort lebenden Menschen mischt und versucht, so wenig wie nötig das Zusammenleben derjenigen zu organisieren, die dessen am meisten bedürfen. Ich weiß nicht, inwieweit dieses Unternehmen die Unterstützung von Dom Aloísio fand, aber ich weiß, dass damals alle ohne Ängste leben konnten. Diese Erfahrungen der verschiedenen Lebensgemeinschaften auszubreiten, das war der Wunsch vieler. Die Seminaristen jedenfalls hatten damals in ihrer Lebensgestaltung größere Freiheiten. Sie konnten außerhalb ihres Seminars mit anderen Menschen zusammenwohnen, ohne durch einen geregelten Tagesablauf mit vorgeschriebenen Uhrzeiten kontrolliert zu werden oder akademischen Verpflichtungen nachkommen zu müssen. Das Ergebnis jedenfalls war, dass sich viele von ihnen immer mehr dem Volk verpflichtet fühlten und es lieben lernten. Je mehr sie das wahre Leben mitbekamen, z.B. die vielen Todesfälle (wegen Hunger, Elend, Gewalt …), mit denen die Armen fertigwerden mussten, desto größer war ihr Bedürfnis, mehr zu dienen. Das alles rief in ihnen die gleichen Gefühle der Empörung wach, die auch Christus selbst durchlebt hatte.

Damals war es möglich, Dom Aloísio beim Morgenkaffee anzusprechen und mit ihm während der Generalversammlungen der Basisgemeinden zu reden, wo alle zusammenfanden, die zur sogenannten fortschrittlichen Kirche gehörten. Auch wenn er nicht die ganze Zeit dabeibleiben konnte, gesellte er sich immer wieder dazu, vor allem zu den liturgischen Abschlussfeiern. Die Menschen gingen zu ihm hin, konnten mit ihm reden. Er kannte sie alle mit Namen. Das ließ ein Gefühl des Geliebt-Seins in und von der Kirche aufkommen.

Ich erinnere mich, als Dom Aloísio einen Brief über die Nutzung und Besetzung von Wohnungen in den Städten veröffentlichte. Darin erinnerte er an die Rolle und das Engagement der kirchlichen Führungsspitzen bei der Förderung des Lebens, und er sprach viel über das Grundrecht auf Wohnraum. Heutzutage, wo die Ungleichheiten zunehmen und die menschlichen Werte nicht mehr zählen und ersetzt werden durch mehr *Haben* statt *Sein,* wäre es notwendig, dass es mehr Bischöfe gäbe, die sich den Müllsammlern zuwenden, den Straßenbewohnern und Obdachlosen, den verlassenen, hilflosen Kindern, Mädchen und Jungen, der Bevölkerung in den Favelas und so vielen anderen. Herausforderungen gibt es viele, doch *Arbeiter sind nur wenige* und dazu noch von der Kirche verlassen! Manchmal sogar kommt es zu ärgerlichen Situationen, wenn wir uns von Priestern missachtet fühlen, die nicht mit unserer Arbeit einverstanden sind.

Ich erinnere mich an die Gesamtpastoralpläne, worin wir die pastoralen Prioritäten für eine bestimmte Zeit festlegten wie auch den zu beschreitenden Weg. Alles wurde in Generalversammlungen festgelegt, wo wir bis zur Erschöpfung diskutierten. Wir lachten viel und hatten manchmal den Eindruck, dass viele kleine Versammlungen innerhalb der einen großen geschahen. Der Grund war, dass alles sehr gut miteinander besprochen werden konnte. Manchmal gab es auch heftige Auseinandersetzungen, wenn einige glaubten, der Konflikt sei zu kompliziert und wir sollten uns als gute Christen da lieber nicht einmischen. Aber für mich bedeutete das immer, dass einige Leute nur wünschten, dass alles friedlich, freundlich verlaufen solle. Die ersten Christen riefen Versammlungen zusammen, um das Problem der Vernachlässigung der Witwen zu diskutieren (s. Apostelgeschichte 6,1–6). Die Kirchen haben nur eine Existenzberechtigung, wenn sie das Leben schützen, das größte uns von Gott verliehene Geschenk. Diese Sorge konnte ich bei Dom Aloísio immer beobachten, in seinen Vorträgen, in seinen Texten, immer wenn er die Autonomie der Laien-Christen stark betonte, wenn er sich in den Gefängnissen aufhielt oder bei seinen Pastoralbesuchen in den Basisgemeinden.

Ich bin ganz ehrlich: Manchmal verliere ich die Lust und den Mut, wenn ich in letzter Zeit die Festlegung der Prioritäten in der Pastoral durchlese. Es kommt keine Motivation mehr auf. Die Verantwortlichen selbst haben sie nicht. Unsere Gemeinden müssen sich wieder zufriedengeben mit dem, wie es immer war: Sie sollen nur gute Christen sein und das durch ihren Kirchenbesuch, durch den Empfang der Sakramente und durch eine Pastoral der Bewahrung zu erkennen geben. Es sind nur noch wenige, die den *Mut zu Neuem* haben, wie etwa sich selbst in die Welt der Arbeitslosen zu versetzen und ihnen zu helfen, dass sie noch *Luft bekommen,* etwa durch eine *solidarische Ökonomie.* Und noch weniger sind diejenigen, die sich politisch engagieren, damit die Politik dem Allgemeinwohl dient, mit dem Ziel, dass alternative Organisationen für das Volk geschaffen werden. Dann denke ich an Dom Aloísios Worte, wie er immer wieder die dreifache Dimension der christlichen Sendung betonte: Priester – König – Prophet! Das bedeutet für mich, dass wir ein priesterliches Volk sind, also hat jeder von uns das Heilige in sich, denn wir sind ein Tempel Gottes! Königsein bedeutet: koordinieren und anführen können. Das ist in der Tat in Zusammenhang mit der Politik zu sehen. Prophet sein heißt, die Fähigkeit zu besitzen, aufzudecken, was unrecht ist, und eine neue Zeit zu verkünden. Das sind weise Worte eines Hirten, die sich mir eingeprägt haben. Diese drei Worte sind so sehr in meinem Innersten verwurzelt, dass sie mich nicht mehr in Ruhe lassen, solange ich nicht irgendetwas unternehme, das diesen Forderungen nahekommt.

Ich weiß, dass die Menschen der sogenannten *progressiven Kirche* immer wenige waren, doch gibt es einen großen Unterschied zwischen der Lebenskraft der 1980er Jahre und heute. Ich weiß, dass immer noch einige ihr *Blut* geben, doch bräuchten wir wieder eine Reanimierung. Gerade weil wir wenige sind, müssen wir den Unterschied machen. An die Zeit von Dom Aloísio in unserer Erzdiözese zu denken, heißt für mich, das alles abzuwägen und mitzuhelfen, wie wir uns wieder reanimieren können. Wir dürfen nicht kapitulieren und in die Knie gehen vor der Gebrechlichkeit der Linken in Brasilien, noch vor der protzenden Vormachtstellung der Rechten, die sich durch das kapitalistische System gestärkt wie ein Orchester aufbauen. Wir müssen „alles neu machen“, wie uns Christus selbst im Buch der Apokalypse aufruft!

In jener Zeit …

von Pater Marcos Passerini

14. März 1994: Ein Kardinal, zwei Weihbischöfe, ein Bischofsvikar und neun berühmte Persönlichkeiten aus dem politischen Leben, aus der Justiz und von den Medien werden gekidnappt und mit Waffengewalt von einer kleinen Gruppe Meuterer des Gefängnisses *Paulo Sarasate* in Fortaleza gefangen gehalten. Im Gefängnis lange Stunden des Bangens, der Angst und Ungewissheit seitens der Geiseln und ein unerwarteter Nervenkrieg für die Kidnapper. Draußen eine kilometerlange Autoschlange auf der Bundesstraße 116, Neugierige, die aus der Nähe jene dramatischen Momente miterleben wollten, und noch weiter draußen eine unaufhörliche Kette von Menschen im Gebet. Die Nachricht von einem glücklichen Ausgang kam nach genau einem Tag und einer Nacht nervenzerreißender Spannung.

„Für mich ist die Liebe zu diesen Menschen gewachsen, und ich erkenne die Notwendigkeit, mich noch mehr den Gefangenen zu widmen. Sie werden aus der Gesellschaft ausgeschlossen." In einem ersten Interview kurz nach dem Geschehen machte diese einfache Reaktion Dom Aloísios viele Menschen innerhalb und außerhalb der Kirche perplex. Und mit Recht. Zu kompliziert für die „Weisen und Intelligenten" (Matthäus 11,25) dieser Welt ist das Denken eines Propheten. Mehr noch, wenn das Zeugnis des Hirten auf die Hintergründe einer solch wahnsinnigen Tat aufmerksam macht! Das ist die Sicht desjenigen, der gegen alle Vernunft daran glaubt, dass die Gnade Gottes jenseits des Sichtbaren wirkt und dass jede verzweifelte Geste eine Botschaft für alle in sich birgt. Bequemer für die Analysten war es, an das sogenannte *Stockholm-Syndrom* zu erinnern, ein psychologisches Phänomen, bei dem die Geiseln zu ihren Peinigern Sympathie entwickeln und mit ihnen kooperieren.

Damals waren es mehr als 600 Gefangene, die sich dort die Gefängniszellen teilten, die eigentlich für 400 ausgelegt waren. Sie alle mussten von einem Dutzend Wachsoldaten in Schach gehalten werden.

Heute sind dort bereits mehr als 1.600 inhaftiert, aber die Zahl der Wächter blieb unverändert; in ganz Brasilien sind es gar mehr als 100.000 Inhaftierte! Und heute sind es bereits mehr als 400.000, die hinter Gittern leben. Schon bald wird das Heer der Gefangenen auf eine halbe Million angewachsen sein!

„Unsere Kidnapper waren junge Bedürftige. Leider sind nur diese Menschen hinter Gittern, die an sich gar nicht so gefährlich sind. Und das in unserem Brasilien, wo viel gefährlichere Menschen frei herumlaufen!“, so die Worte von Dom Aloísio. Heute sind fast siebzig Prozent aller Gefangenen jünger als 27 Jahre, und niemand macht aufmerksam auf die Dringlichkeit einer Gefangenenpolitik, die interdisziplinäre pädagogische Projekte fördert und eine personalisierte Betreuung, die in den Jugendlichen wieder die Liebe zum Leben wecken könnte und der Strafe hinter Gittern einen anderen Sinn gäbe. Sie alle sind Kinder unserer Gesellschaft: in die Gefängnisse getrieben wegen Hunger, Arbeitslosigkeit, Drogen, Waffenhandel und einer ignoranten öffentlichen Politik. Sie alle sind Kinder der Vergötzung eines Menschen ausgrenzenden Marktes.

Vor der Gefangennahme werden sie als Bürger missachtet und ihrem eigenen Schicksal überlassen: „Gott wird 's schon richten!“ Dann hinter Gittern sind sie vergessen, gehasst von wütenden Menschen, die erschrocken und schlecht informiert sind. Zum Nichtstun verdammt, unter ständigen physischen und psychologischen Foltern, in einem schlecht ausgestatteten und faulen Justizwesen, das den Jugendlichen nichts bietet außer immer engere und unmenschlichere Züchtigungen, die ganz gewiss nicht zu der lautstark verkündeten Resozialisierung beitragen. Gar nicht zu sprechen von der verschwindend kleinen Zahl alternativer Strafen für die ganz große Mehrheit kleinerer Eigentumsdelikte wie auch von der fehlenden Sensibilität der allermeisten Richter für den Strafverlauf, Strafnachlass, Begnadigung oder andere im Gesetz vorgesehene Maßnahmen.

Während die Rückfallquote mit weit über achtzig Prozent ein klarer Beweis für eine Strafpraxis ist, die gegen die brasilianischen Gesetze und auch gegen die *Minimalbestimmungen* der Vereinten Nationen verstoßen, bleibt die einzige Antwort der Strafjustiz die Verstärkung und technische Verfeinerung der punitiven Mittel. Es bleibt nicht die Zeit, um sich die Frage zu stellen: „Bekämpfen wir die Kriminalität wirklich adäquat auf dem Niveau unseres kulturellen Anspruchs?“ Die Komplexität des Problems erfordert unausweichlich eine offene Debatte, wobei die Gesprächspartner nicht allein Gerichts- und Sicherheitsinstanzen sein dürfen, sondern wo die öffentlichen Gewalten, alle sozialen Organisationen, die Gesellschaft als Ganze und auch die Kirchen mit einbezogen werden müssen.

Es ist dringend nötig, dass die Kirchen selbst und alle Religionen noch mehr ihrer Mission als Erzieherinnen der Gewissen nachkommen. Mit Klarheit müssen sie alle, denen die Macht und die Sorge für das Allgemeinwohl anvertraut wurde und die noch in ihren allzu engen politischen Strukturen gefangen sind und an repressive Gewaltanwendung glauben, daran erinnern, dass die Prävention immer noch das beste Gegenmittel gegen ein soziales Auseinanderklaffen ist. Ihnen obliegt es auch, eindeutig und unnachgiebig die Würde jeder menschlichen Person zu verteidigen und von den Regierungen einen effektiveren Einsatz für die Schaffung neuer Möglichkeiten der Wiedergutmachung für jeden persönlich und sozial Betroffenen zu fordern. Wenn nichts für eine gute Verteidigung und Förderung des Strafgefangenen unternommen wird, heißt das, das Strafmaß lediglich auf eine soziale Rache einzugrenzen, die nur zu noch mehr Hass und Gefahren führt.

Die religiösen Institutionen mit all ihren pastoralen Erfahrungen hinter Gefängnisgittern dürfen nicht vor dieser Debatte fliehen. Ist das menschlich, was unsere Gefangenen durchmachen? Dient es der Rehabilitierung und dem Neuanfang des Sträflings? Was gewinnt und was verliert damit die Gesellschaft? Welche anderen Strafsysteme wären denkbar?

Die Gesellschaft wird heute in Angst gehalten. Racheinstinkte werden geschürt. Deshalb benötigt die Gesellschaft mehr denn je befreiende Theologien, die, ausgehend von zwischenmenschlichen Konfliktsituationen, immer hinführen zur menschlichen Gerechtigkeit, die an der

Gerechtigkeit Gottes gemessen werden muss, nicht paternalistisch und auch nicht naiv. Die Gesetze, die Institutionen, die Bürger und die Christen: Glauben sie in der Tat daran, dass in jedem Gefangenen ein Kind Gottes lebt und darum bittet, respektiert, gefördert, erzogen, befreit und geliebt zu werden? Es ist dringend nötig, zu den frühen Zeiten der angstbefreiten christlichen Gemeinden zurückzukehren, die sich ausschließlich vom Evangelium des Jesus aus Nazareth *gefangen nehmen* ließen.

Das Zweite Vatikanische Konzil und die Laien in der kirchlichen Pastoral

von Tânia Maria Couto Maia

Unter den Beiträgen Dom Aloísio Lorscheiders für die brasilianische Kirche hebt sich besonders sein Einsatz für die Laien hervor. Dabei ließ er sich immer von drei großen Prinzipien leiten, die all seinen pastoralen Tätigkeiten die Richtung wiesen: die *Ekklesiologie* des Zweiten Vatikanischen Konzils, der Doppelbegriff *Gemeinschaft und Partizipation* und sein *Amtsverständnis als Hirte:* Er kam zu dienen und unter den Menschen zu sein.

Dom Aloísio übertrug sein Verständnis vom Zweiten Vatikanischen Konzil auf die pastorale Situation der ihm anvertrauten Kirche der Erzdiözese von Fortaleza. Für ihn war das Zweite Vatikanische Konzil ein eminent pastorales Konzil. Dieses Verständnis definierte seine gan-

che als Mysterium (s. Kapitel 1 von *Lumen gentium*) und Kirche als Volk Gottes (ausführlich dazu Kapitel 2 von *Lumen gentium*). Die Kirche als Mysterium Gottes, der in der Geschichte handelt, konnte nicht länger in abstrakten Konzepten definiert werden. Kirche fordert ein Sich-Einmischen, das ihrer Identität und Mission entspricht und einen lebendigen Dialog mit der modernen Welt von heute führt. Was das Konzil wollte, war nicht nur eine Verschiebung der Achse allen kirchlichen Handelns, sondern es forderte eine komplette und tiefe Veränderung, die dem Wesen der Kirche mehr entspricht. Aus dem Munde von Dom Aloísio war sehr oft zu hören, dass die Kirche ein *aggiornamento* benötige, um den Inhalt der Offenbarung an die Menschen von heute zu verkünden und die Zeichen der Zeit zu verstehen und um vom Evangelium her an die vielen und unterschiedlichsten aktuellen Herausforderungen heranzugehen. Dieses *aggiornamento* forderte die Kirche heraus, eine neue Haltung in der heutigen Welt anzunehmen: nicht mehr als Meisterin, sondern als „liebende Mutter für alle“, wie Papst Johannes XXIII. es formulierte. Und deshalb interpretiert Dom Aloísio die pastorale Orientierung des Konzils so:

> In dieser pastoralen Dimension öffnet sich die Kirche den gerechten Forderungen der Welt von heute (Demokratie, Freiheit, Verantwortung …, Dialog …, fundamentale Menschenrechte), um ihr zu helfen in einem Geist der totalen Hingabe, der im Dienst der Armen steht. Das ist die Pastoral, die die Gedanken aller Menschen abwägt – ihre Sprache und ihren Lebensstil, um das Evangelium Jesu Christi als eine befreiende Botschaft zu verkünden, die dem Menschen die Fülle des Lebens bringt. Es ist die kritische Gegenwart des Glaubens in unserer Welt, das Neu-Verständnis des Wortes Gottes innerhalb der sich verändernden Situationen unserer Zeit.[10]

Im Dialog gab Dom Aloísio dem Traum von der Kirche als das eine Volk Gottes neue Gestalt. Einmal im Jahr rief er eine große Vollversammlung zusammen, um Rückblick zu halten auf die Pastoralaktionen der Erzdiözese und um neu zu planen. Doch vorher fanden immer zur Vorbereitung kleinere regionale Zusammenkünfte statt, immer nach dem *Prinzip: sehen – urteilen – handeln – bewerten – zelebrieren.* An

[10] Aloísio Lorscheider, Die großen Linien der Ekklesiologie des Zweiten Vatikanischen Konzils. Neuigkeiten, Revista Kairós, Fortaleza 2004, S. 45.

diesen Vor-Versammlungen nahmen alle lebendigen Kräfte der Erzdiözese teil, Laien und Priester; unabhängig von Rasse, Geschlecht, Bildung und kulturellem, intellektuellem, sozialem und finanziellem Stand. Und in diesem Reichtum und in der Unterschiedlichkeit des Gottesvolkes wurde zum ersten Mal von einer Diözese ein Pastoralplan ausgearbeitet. Dom Aloísio rief diese später berühmt gewordenen Pastoralräte ins Leben, die, weil sie sich *pastoral* nannten, viele Entscheidungen treffen konnten, auch wenn sie nur beratende Funktionen hatten. Alle nahmen aktiv teil und waren mitverantwortlich. Diese Mitverantwortung sorgte für eine starke Dynamik unter den Laien, besonders in den Basisgemeinden. Die Laien konnten die Erfahrung machen, selbst Kirche zu sein als Glieder des einen Volkes, das sich in der Geborgenheit des Vaters, des Sohnes und des Heiligen Geistes versammelte. Sie haben den biblischen Begriff *Volk Gottes* im Entdecken der eigenen Würde erfahren, die sie alle durch die Taufe erhalten hatten – eine Gnadengabe, die die Christen selbstbewusst und zu Kindern Gottes machte; eine Identität, die durch Jesus Christus gegeben ist. Durch diese neue Erfahrung spürten sie sich wieder den ersten christlichen Gemeinden näher. Alle konnten sich äußern, sich einbringen und ihre Ängste und Hoffnungen zur Sprache bringen. – Und der Hirte hörte ihnen zu und lernte alle Stimmen und Realitäten kennen und unterscheiden. Bei bestimmten Anlässen gab Dom Aloísio zu, er habe sich in Fortaleza bekehrt, denn hier habe er die Erfahrung gemacht, mit dem Volk zu fühlen, mit ihm Seite an Seite zu gehen und das Leben zu teilen, das heißt, in Gemeinschaft mit dem Volk zu sein. In der Tat wurde er einer von uns und ganz und gar *Nordestino,* einer aus dem Nordosten!

Dom Aloísio wurde nicht müde, sich für die Ausbildung der Laien einzusetzen. Sie sollten dahin kommen, ein klares Bewusstsein von der Geschichtlichkeit ihres Glaubens zu entwickeln, um nicht weiterhin zu denken, man müsse der Welt entfliehen, um seinen Glauben zu leben. Ganz im Gegenteil, die Laien sollten effektiv evangelisierend in der Kirche leben, hinhörend auf die weltlichen Realitäten und sich von ihnen leiten lassen. Dom Aloísio widmete den Laien Zeit und gab viele Kurse in Ekklesiologie, damit sie die Konzilsdokumente *Lumen gentium, Apostolicam actuositatem, Gaudium et spes* und *Ad gentes* kennenlernten, die die Wege für eine *Theologie der Laien* frei machen. Diese gesamte theologische und ekklesiologische Reflektion gewann eine besondere pastorale Dynamik, weil sie klarmachte, dass es der Kirche nur durch die Laien gelingen könne, in die Wirklichkeiten dieser Welt einzutauchen.

Die Laienbewegungen standen ganz oben im Interesse Dom Aloísios. Für ihn waren sie der Raum, durch den die Mehrheit der Stadtbewohner Zugang zur Kirche finden könne. Entsprechend wollte er, dass sie dieses Bewusstsein des Kirche-Seins verinnerlichten, indem auch die Mitglieder der verschiedenen kirchlichen Bewegungen und Vereine sich als dieses neue Volk Gottes fühlen sollten, von Christus zusammengeführt, um sich so den vielfältigen Herausforderungen der Ortskirche zu stellen. Um diesem Ziel näherzukommen, schlug er 1974 eine Koordinierungsstelle für die Laienbewegungen vor, damit sie sich besser artikulieren und organisieren könnten. Diese Koordinierungsstelle wurde sozusagen die *Mutter* des CNL (Conselho Nacional dos Leigos; nationaler Laienrat) in Brasilien. Damit die Kirche wirklich ein Volk Gottes sein kann, ist es notwendig, dass sich die Laien organisieren und mit eigener Identität und als Dialogpartner mit eigener Verantwortung auftreten, genauso wie die Bischöfe ihre CNBB haben und die Ordensleute ihre CRB (Conferência dos Religiosos do Brasil; Konferenz der brasilianischen Ordensleute). Nur so können sie ihre eigene Identität und Mission vertiefen. Sich auf diese Art artikulieren zu können, ist ein konkreter Schritt in Richtung Gemeinschaft und Kommunikation. Nur wenn wir anerkennen, dass die Berufung aus der Taufe uns alle auf eine Ebene stellt und zur gemeinsamen Mission aller Christen aufruft, werden wir vom Volk Gottes sprechen können. Damit sich Kirche so gestaltet, dafür setzte sich Dom Aloísio mit seinem ganzen Leben ein. Er nahm 1975 am allerersten Treffen der Laien in Rio de Janeiro teil. Damals war er Vorsitzender der CNBB, in der der CNL gegründet wurde. Dom Aloísio motivierte und unterstützte viele Generalversammlungen des CNL (heute CNLB = Conferência Nacional dos Leigos do Brasil; nationale Laienkonferenz Brasiliens) und sorgte dann dafür, dass der Laienrat umgewandelt wurde in Laienkonferenz. Um das zu begründen, schrieb er einen ausgezeichneten Artikel mit theologisch fundierten Begründungen, um ein breiteres Bewusstsein zu schaffen von der Gabe und der Verantwortung eines jeden Laien-Christen innerhalb der Gemeinschaft und der Mission der Kirche. Dom Aloísio hatte ein klares Bewusstsein bezüglich der Schwierigkeiten und Herausforderungen, aber er ließ sich nicht aus der Ruhe bringen. Als Rom den Laien dann verboten hatte, sich als Konferenz zu organisieren – „Roma locuta, causa finita" –, wurde Dom Aloísio in Rom vorstellig, um dieses Recht zu verteidigen. Immer ernst und ruhig, ohne laut zu werden, hatte er keine Angst, den Weg seiner Berufung des Evangelisierens zu gehen und prophetisch seine Aufgabe als Priester und Hirte bis zum Ende auszuführen. Hierfür hatte der Heilige Geist ihm besondere Gaben geschenkt.

Die Laien aus Ceará verfügen über ein reiches Erbe an Texten und alle Vorträge, die Dom Aloísio bei ihren Generalversammlungen vorgetragen hatte. Jetzt ist es ihre Pflicht, dieses Erbe zu ordnen und der Allgemeinheit zur Verfügung zu stellen. Ebenso müssen sie mit der Einrichtung der Konferenz weitermachen, damit diese weiterhin Laien ausbildet, die sich der Befreiung ihres Volkes widmen und eine Kultur des Friedens entwickeln. Nur so werden wir den Traum von der Kirche als Volk Gottes weiter realisieren können.

Dom Aloísio und die verheirateten Priester

von Wilhelmus Jacobus Absil

Will man mehr über die Einstellung Dom Aloísio Lorscheiders zu den verheirateten Priestern wissen, wäre es gut, vorher zu wissen, wie er über die Rolle des Bischofs in der Kirche denkt. So lässt sich seine Einstellung zu diesem heiß diskutierten Thema besser verstehen.

Man findet seine Gedanken über den nach-konziliaren Bischof unter anderem in einem kurzen Artikel in der Zeitschrift *Concilium* (196, 1984, S. 62–65), in dem er zusammenfassend darstellt, wie die Rolle eines Bischofs neu definiert werden könnte. Eines der ersten Kennzeichen einer Änderung ist demnach die Fähigkeit, auf das Volk zu hören: „Ich machte weiter nichts, als mit den Menschen zu leben und hinzuhören“ (ebd., S. 63). Der Bischof entdeckt: „Ich war nicht mehr der Lehrer, der Unterweiser. … Ich hatte mich in einen Schüler verwandelt, bevor ich daran denken konnte, Meister zu sein.“, und bekennt dann: „Nicht einmal Meister denke ich mehr zu sein, denn ‚einer nur ist euer Meister‘“ (ebd., S. 64).

Um den Kontext dieses Artikels besser zu verstehen, erklärt Dom Aloísio weiter: „Das Zusammenleben (des Bischofs) mit dem Volk führt dahin, das Problem der Berufungen innerhalb der Kirche neu zu erkennen. Die Dringlichkeit besteht mehr darin, lebendige Glaubensgemeinschaften, kirchliche und apostolische Basisgemeinden zu schaffen, als Leute für die Konvente und Seminare zu finden. Aus den kleinen kirchlichen Gemeinden werden verschiedene Ministerien und Dienste erwachsen, welche die Gemeinde braucht“ (ebd., S. 65).

Im Lichte dieser Erwägungen versteht man auch besser, wie Dom Aloísio selbst die Kirche der Erzdiözese von Fortaleza führte, besonders mit Blick auf die geringe Zahl von Priestern und derjenigen, die dann noch ihr priesterliches Amt aufgegeben haben und heirateten. Ob man will oder nicht, das Bild eines Priesters, der sein Amt aufgibt, um zu heiraten, führte zu einer ekklesiologischen Anomalität und ist im kanonischen Recht nicht vorgesehen. Folglich fordern Priester mit ihren Frauen kontroverse Positionen heraus – unter den kirchlichen Führern, unter den Priestern selbst und im Volk, weil es sich um eine Grenzsituation und ein heikles kirchenrechtliches Thema handelt.

Wie also ging Dom Aloísio während seiner 22 Jahre – August 1973 bis September 1995 – an der Spitze der Diözese von Fortaleza mit diesem Thema um? Das Hervorstechendste bei Dom Aloísio war seine pastorale Sorge. Das zeigte sich in seinem Grundverständnis von Kirche-Sein, an dem er seine Pastoral orientierte, als auch in ganz konkreten Haltungen. Der wahre Sinn des griechischen Wortes *episkopein* ist Um-sich-Schauen, die Augen rundum wenden, um die Bedürftigkeiten des Volkes zu erkennen, gegenwärtig sein und zuhören. Das war es, was Dom Aloísio sehr gut konnte. Und wie sehr suchten seine Augen, in einem unruhigen Hin und Her, seine Gesprächspartner!

Wenn es um jemanden mit Rang und Namen ging, gelang es ihm immer, die konkrete Person in ihren spezifischen Belangen anzusprechen, mit dem jeweils geforderten individuellen Respekt. Er übte die wahre epikeia aus, die die theologischen und pastoralen Prinzipien umwandeln in Vernunftdenken, Verständnis und Unterstützung. Seine Art war immer einladend, anregend und befreiend erleichternd. *Misereor super turbam,* immer mitfühlend, aber stark und entschieden, Seite an Seite „wie jemand, der mitten unter der Menschenmenge geht“ (ebd., S. 64). Das war Dom Aloísios Haltung gegenüber seinen Diözesanpriestern, die mit ihm das apostolische *munus* eines Bischofs teilten. Und so blieb es, auch wenn viele von ihnen sich entschieden, das Priesteramt aufzugeben, gezwungenermaßen …! Wenn das Kirchenrecht nicht zu umgehen war, verlor Dom Aloísio nie den Blick des Hirten. Zu seiner Zeit in Fortaleza war er es, der das Ruder in die Hand nahm und dafür sorgte, dass die verheirateten Priester zusammenkamen, sich organisierten und gegenseitig stützten. Und er eröffnete von vornherein die Möglichkeit, nach eigenem Belieben pastoral tätig bleiben zu können, ohne die Sakramente zu spenden. Das pastorale Arbeitsfeld war groß, und er sah – gerade auch wegen der wenigen Priesteramtsanwärter – eine enorme Chance für eine Vielfalt von

Pastoraldiensten, die von verheirateten Priestern übernommen werden könnten.

In den Jahren 1970 bis 1980, als die Kirche hoffnungsvoll die Vision von *Lumen gentium,* dem großen Schreiben des Zweiten Vatikanischen Konzils, umsetzen wollte, ermutigte Dom Aloísio die ersten verheirateten Priester, sich zusammenzuschließen. Das geschah unter dem Vorsitz von Jonas Barros. Die verheirateten Priester sollten sich nicht *zerstreuen.* Im Gegenteil: Sie sollten zu einem Zeichen werden. Zeichen wurde auch der Name eines monatlichen Informationsblattes, das direkt aus der schnellen Feder von Lauro Motta im Oktober 1980 hervorging. Im gleichen Jahr entstand auf nationaler Ebene mit den Kollegen anderer Bundesländer zusammen die MPC (Movimento dos Padres Casados; Bewegung der verheirateten Priester). Ihr Ziel war klar gesteckt: gegenseitige Unterstützung, Dienst an den Gemeinden und Dialog mit der Hierarchie.

Dom Aloísio wollte auch eigene Forschungen in die Wege leiten. Sie wurden von Martien Groetelaars, einem aus dem Lazaristenorden ausgetretenen Priester, übernommen, der seit 1975 viele Artikel in der REB verfasst hatte und bereits 1977 einen Fragebogen verbreitete mit dem Ziel, eine Typologie verheirateter Priester zu erstellen.

Im September 1980 übergab Dom Aloísio die berühmte Untersuchung der CNBB über die *Situation des Klerus in Brasilien* an Herrn Aquiles Henn (Vorsitzender des Zusammenschlusses aller Familien der verheirateten Priester). Sie war ausgearbeitet vom Sektor *Nationalkommission des Klerus* innerhalb der CNBB. Das alles waren Zeichen, damit in einer so heiß diskutierten und konfusen Fragestellung mehr Objektivität und Klarheit für ein effektiveres Pastoralkonzept aufleuchten konnte. Darauf legte Dom Aloísio viel Wert, und er stellte mithilfe des Priesterrates einen großen Saal im alten Seminar *da Prainha* mit Blick auf die Straße Rua Tenente Benévolo zur Verfügung, wo sich die MPC von Ceará unzählige Male zu gemeinsamen Studien und Gedenkfeiern versammelte.

Was den Dialog mit der Hierarchie angeht, bereiteten die verheirateten

Priester in der MPC ein Dokument vor und übergaben dieses an Seine Heiligkeit Papst Johannes Paul II. bei seinem Besuch 1980 in Fortaleza. Angesteckt vom Vorbild Dom Aloísios, baten Sie den Papst inständig, mehr Hirte zu sein und weniger Autorität, mehr Hörender als Sprecher, mehr Johannes und weniger Paulus. Dom Aloísio übernahm die heikle Mission, das Dokument mit persönlicher Empfehlung dem Papst zu übergeben. Von diesem kam nie eine Antwort auf unser Anliegen!

Zum fünften Nationaltreffen aller verheirateten Priester in Fortaleza wurde Dom Aloísio eingeladen, um die Eröffnungsrede zu halten, doch er ließ es sich nicht nehmen, am ganzen Treffen teilzunehmen. Diese Konferenz vom 14. Februar 1983 wurde zu einer tiefen ekklesiologischen Reflexion, zu der der gute Hirte Dom Aloísio entscheidend beitrug. Er provozierte, forderte heraus und bat inständig, dass die verheirateten Priester ihre Identität im neuen kirchlichen Kontext definieren und theologisch ihren Platz innerhalb der konkreten Gemeinde charakterisieren sollten. Es sei an der Zeit, „von der Orthodoxie der Kirche überzuwechseln zur Orthopraxie einer Glaubensgemeinschaft", indem die bekannte Kategorisierung des kanonischen Rechts überholt würde, um „einen neuen rechtlichen Status in einer Situation sui generis zu schaffen und zu belegen" (persönliche Aufzeichnungen, 1983). „Das große Ziel des Wortes Gottes ist es, ein Bündnis zu schließen untereinander und der Menschen mit Gott, in einem Sich-Gottes-Plan-ganz-Öffnen, mit dem Gesicht des verheirateten Priesters und einer De-Fokussierung des Zölibats" (ebd.). Das war der explizite Aufruf Dom Aloísios auf der Suche nach Eingliederung und Teilhabe. Die anwesenden 89 Priester und ihre Frauen, aus ganz Brasilien zusammengekommen, waren überzeugt, einen Visionär zu erleben, inspiriert von der reinsten paulinischen Theologie. Er schlug eine neue Dynamik im Umgang mit dem alten Kirchenrecht vor; alt, weil es in keinerlei Verbindung mehr stand mit der konkreten Ekklesiologie der nach-konziliaren Kirche.

Das war die Einstellung, die Dom Aloísio während seiner langen Jahre in Fortaleza unerschrocken vertrat. Er berief in den 1980er Jahren verheiratete Priester als Dozenten an die philosophische Fakultät von

Fortaleza (FAFIFOR), die für die philosophisch-theologische Ausbildung von Seminaristen und Laien verantwortlich war. Er übernahm die persönliche Verantwortung und garantierte gegenüber dem Druck aus dem Vatikan das Verbleiben von vier verheirateten Priestern (einer davon der Schreiber dieser Zeilen) im Vorstand und in der Koordinierung der theologischen Abteilung, und damit auch als Mitglieder im Priesterrat der Diözese, der über die Zulassung und Eignung der Kandidaten zum Priestertum entscheidet. Sie alle belegten die Lehrämter der Philosophie, Theologie, Moral und Kirchengeschichte, denn „bessere als diese hat die Diözese nicht“, so Dom Aloísio.

Später, im Juni 1991 – die Seminaristen waren inzwischen getrennt und machten ihre Ausbildung im theologischen und pastoralen Institut –, kam aus Rom ein einschränkender Erlass, dem sich Dom Aloísio persönlich widersetzte, indem er die geforderte Entlassung von Jan Ter Reegen, Eduardo Hoornaert und Lauro Motta nicht veranlasste. Es war weder ein Bluff noch eine Provokation, sondern das Vertrauen, das Dom Aloísio in jene legte, deren persönliche Qualitäten und Lehrfähigkeiten er als Priester kannte. Um ein guter Professor zu sein, ist Kompetenz wichtig, nicht das Zölibat! „Die Wissenschaft hat kein Geschlecht“, so fasste er es in der Zeitschrift *Rumus* zusammen (Revista Rumus, Jahrgang 10, Nr. 70, Juni 1991, S. 1).

Schließlich sieht man wieder einmal den pastoralen Geist Dom Aloísios, als er 1990 bei einem Ad-Limina-Besuch in Rom dem Bericht der Erzdiözese von Fortaleza eine Zusammenfassung aller Aktivitäten der verheirateten Priester beifügt sowie die Ergebnisse des Nationaltreffens der verheirateten Priester in Curitiba. Das hatte zur Folge, dass von der Bischofskongregation im Vatikan verboten wurde, „dass in Zukunft Bischöfe direkt oder indirekt an organisierten Manifestationen der verheirateten Priester teilnehmen dürfen, auch nicht unter dem Vorwand der Höflichkeit“ (Revista Rumus, Jahrgang 10, Nr. 65, Januar 1991, S. 1). Prophetisch beendete Dom Aloísio seinen Rombe-

Abschließend muss hervorheben werden, dass Dom Aloísio niemals bezüglich der Existenz der verheirateten Priester auch nur die geringste Minderbewertung kannte; im Gegenteil: Er verstand es, „hinzuhören auf sein Volk“ und dessen Bedürfnisse und es je nach den Erfordernissen der konkreten Situation, immer als ein guter Hirte (Johannes 10), zu orientieren, ohne gesetzlichen Formalismus oder formale Gesetzlichkeit. Sein einziges Interesse war, Strukturen leichter zu machen oder neu zu konzipieren. So half er den *Kleinen* und hauchte neues Leben den Gemeinden ein, von denen er sich nur eines wünschte: dass sie ganz und gar angenommen und engagiert sein können in der Gemeinschaft der Kirche.

Katakombenpakt vom 16. November 1965

Einführende Bemerkung des Verlags: Der Katakombenpakt wurde gegen Ende des Zweiten Vatikanischen Konzils von vierzig Bischöfen geschlossen. Ihm traten rund fünfhundert weitere Bischöfe – hauptsächlich aus Lateinamerika – bei, unter ihnen auch der junge Bischof Aloísio Lorscheider.[11]

---

[11] Zu umfassenden Informationen zur Entstehungs- und Wirkungsgeschichte vgl. Norbert Arntz, Der Katakombenpakt. Für eine dienende und arme Kirche, topos taschenbücher, Kevelaer 2015. Das *Institut für Theologie und Politik* (ITP, Münster) veröffentlichte 2015 den Katakombenpakt in einer 24-seitigen Miniausgabe (7,3 x 9,6 cm).

Für eine dienende und arme Kirche

Als Bischöfe,

- die sich zum Zweiten Vatikanischen Konzil versammelt haben,
- die sich dessen bewusst geworden sind, wie viel ihnen noch fehlt, um ein dem Evangelium entsprechendes Leben in Armut zu führen,
- die sich gegenseitig darin bestärkt haben, gemeinsam zu handeln, um Eigenbrötelei und Selbstgerechtigkeit zu vermeiden,
- die sich eins wissen mit all ihren Brüdern im Bischofsamt,
- die vor allem aber darauf vertrauen, durch die Gnade unseres Herrn Jesus Christus sowie durch das Gebet der Gläubigen und Priester unserer Diözesen bestärkt zu werden,
- die in Denken und Beten vor die Heilige Dreifaltigkeit, vor die Kirche Christi, vor die Priester und Gläubigen unserer Diözesen hintreten,

nehmen wir in Demut und der eigenen Schwachheit bewusst, aber auch mit aller Entschiedenheit und all der Kraft, die Gottes Gnade uns zukommen lassen will, die folgenden Verpflichtungen auf uns:

1. Wir werden uns bemühen, so zu leben, wie die Menschen um uns her üblicherweise leben, im Hinblick auf Wohnung, Essen, Verkehrsmittel und allem, was sich daraus ergibt (vgl. Mt. 5,3; 6,33f. und 8,20).
2. Wir verzichten ein für alle Mal darauf, als Reiche zu erscheinen wie auch wirklich reich zu sein, insbesondere in unserer Amtskleidung (teure Stoffe, auffallende Farben) und in unseren Amtsinsignien, die nicht aus kostbarem Metall – weder Gold noch Silber – gemacht sein dürfen, sondern wahrhaft und wirklich dem Evangelium entsprechen müssen (vgl. Mk. 6,9; Mt. 10,9; Apg. 3,6).
3. Wir werden weder Immobilien oder Mobiliar besitzen noch mit eigenem Namen über Bankkonten verfügen und alles, was an Besitz notwendig sein sollte, auf den Namen der Diözese bzw. der sozialen oder caritativen Werke überschreiben (vgl. Mt. 6,19–21; Lk. 12,33f.).
4. Wir werden, wann immer dies möglich ist, die Finanz- und Vermögensverwaltung unserer Diözesen in die Hände einer Kommission von Laien legen, die sich ihrer apostolischen Sendung bewusst und fachkundig sind, damit wir Apostel und Hirten statt Verwalter sein können (vgl. Mt. 10,8; Apg. 6,1–7).
5. Wir lehnen es ab, mündlich oder schriftlich mit Titeln oder Bezeichnungen angesprochen zu werden, in denen gesellschaftliche Bedeu-

tung oder Macht zum Ausdruck gebracht werden (Eminenz, Exzellenz, Monsignore …). Statt dessen wollen wir als „Padre“ angesprochen werden, eine Bezeichnung, die dem Evangelium entspricht.

6. Wir werden in unserem Verhalten und in unseren gesellschaftlichen Beziehungen jeden Eindruck vermeiden, der den Anschein erwecken könnte, wir würden Reiche und Mächtige privilegieren und vorrangig oder bevorzugt behandeln (z.B. bei Gottesdiensten und bei gesellschaftlichen Zusammenkünften, als Gäste oder Gastgeber) (vgl. Lk. 13,12–14; 1 Kor. 9,14–19).
7. Ebenso werden wir es vermeiden, irgendjemandes Eitelkeit zu schmeicheln oder ihr gar Vorschub zu leisten, wenn es darum geht, für Spenden zu danken, um Spenden zu bitten oder aus irgendeinem anderen Grund. Wir werden unsere Gläubigen darum bitten, ihre Spendengaben als üblichen Bestandteil in Gottesdienst, Apostolat und sozialer Tätigkeit anzusehen (vgl. Mt. 6,2–4; Lk. 15,9–13; 2 Kor. 12,4).
8. Für den apostolisch-pastoralen Dienst an den wirtschaftlich Bedrängten, Benachteiligten oder Unterentwickelten werden wir alles zur Verfügung stellen, was notwendig ist an Zeit, Gedanken und Überlegungen, Mitempfinden oder materiellen Mitteln, ohne dadurch anderen Menschen und Gruppen in der Diözese zu schaden. Alle Laien, Ordensleute, Diakone und Priester, die der Herr dazu ruft, ihr Leben und ihre Arbeit mit den Armgehaltenen und Arbeitern zu teilen und so das Evangelium zu verkünden, werden wir unterstützen (vgl. Lk. 4,18f.; Mk. 6,4; Mt. 11,45; Apg. 18,3f. und 20,33–35; 1 Kor 4,12 und 9,1–27).
9. Im Bewusstsein der Verpflichtung zu Gerechtigkeit und Liebe sowie ihres Zusammenhangs werden wir daran gehen, die Werke der „Wohltätigkeit“ in soziale Werke umzuwandeln, die sich auf Gerechtigkeit und Liebe gründen und alle Frauen und Männer gleichermaßen im Blick haben. Damit wollen wir den zuständigen staatlichen Stellen einen bescheidenen Dienst erweisen (vgl. Mt. 25,31–46; Lk. 13,12–14 und 33f.).
10. Wir werden alles dafür tun, dass die Verantwortlichen unserer Regierung und unserer öffentlichen Dienste solche Gesetze, Strukturen und gesellschaftlichen Institutionen schaffen und wirksam werden lassen, die für Gerechtigkeit, Gleichheit und gesamtmenschliche harmoni-

sche Entwicklung jedes Menschen und aller Menschen notwendig sind. Dadurch soll eine neue Gesellschaftsordnung entstehen, die der Würde der Menschen- und Gotteskinder entspricht (vgl. Apg. 2,44f.; 4,32–35 und 5,4; 2 Kor. 8 und 9; 1 Tim. 5,16).

11. Weil die Kollegialität der Bischöfe dann dem Evangelium am besten entspricht, wenn sie sich gemeinschaftlich im Dienst an der Mehrheit der Menschen – zwei Drittel der Menschheit – verwirklicht, die körperlich, kulturell und moralisch im Elend leben, verpflichten wir uns:
    - gemeinsam mit den Episkopaten der armen Nationen dringliche Projekte zu verwirklichen, entsprechend unseren Möglichkeiten;
    - auch auf der Ebene der internationalen Organisationen das Evangelium zu bezeugen, wie es Papst Paul VI. vor den Vereinten Nationen tat, und
    - gemeinsam dafür einzutreten, dass wirtschaftliche und kulturelle Strukturen geschaffen werden, die der verarmten Mehrheit der Menschen einen Ausweg aus dem Elend ermöglichen, statt in einer immer reicher werdenden Welt ganze Nationen verarmen zu lassen.
12. In pastoraler Liebe verpflichten wir uns, das Leben mit unseren Geschwistern in Christus zu teilen, mit allen Priestern, Ordensleuten und Laien, damit unser Amt ein wirklicher Dienst werde. In diesem Sinne werden wir
    - gemeinsam mit ihnen „unser Leben ständig kritisch prüfen",
    - sie als Mitarbeiterinnen und Mitarbeiter verstehen, sodass wir vom Heiligen Geist inspirierte Animateure werden, statt Chefs nach Art dieser Welt zu sein,
    - uns darum mühen, menschlich präsent, offen und zugänglich zu werden,
    - uns allen Menschen gegenüber offen erweisen, gleich welcher Religion sie sein mögen (vgl. Mk. 8,34f.; Apg. 6,1–7; 1 Tim. 3,8–10).
13. Nach der Rückkehr in unsere Diözesen werden wir unseren Diözesanen diese Verpflichtungen bekannt machen und sie darum bitten, uns durch ihr Verständnis, ihre Mitarbeit und ihr Gebet behilflich zu sein.

Gott helfe uns, unseren Vorsätzen treu zu bleiben.

***

„Was ihr den Geringsten meiner Brüder getan …

Der Filmemacher *Conrad Berning* – enger Vertrauter und Weggefährte von Dom Aloísio und Übersetzer dieses Buches – dokumentiert mit seinen DVDs die Lebens- und Leidensgeschichten des lateinamerikanischen Volkes und ihrer Hirten.

Diese DVDs eignen sich besonders gut für den Religionsunterricht und für die Erwachsenenbildung. Erschienen sind u.a.:

San Romero de America (Märtyrer für die Kirche der Armen)

Romero – Seine Waffe war die Wahrheit (Spielfilm)

Briefe aus dem Konzil (Helder Câmara)

Väter und Propheten

Zeichen der Zeit (Konziliare Versammlung Frankfurt 2012)

Verzeiht uns unsere Träume (DVD zum Katakombenpakt)

Gottes Volk auf dem Weg (zum Thema „Befreiungstheologie“)

Erwin Kräutler (DVD 1: Hoffnung und Elend am Amazonas; DVD 2: Bischof der Armen)

RECHT schaffen (Bischof Cappio im Hungerstreik für sein geknechtetes Volk)

… das habt ihr mir getan.“

DVD-Serie: Kirche der Armen

Kardinal Aloísio Lorscheider
nimmt Stellung zu
kirchlich-gesellschaftlichen Themen.

Das geheime Vermächtnis:
Der Katakombenpakt

Unter Dom Helder Câmaras Regie
wächst während des II. Vatikanums
hinter den Kulissen
das neue Kirchenverständnis
einer *dienenden* und *armen* Kirche.
(eine Produktion des SWR)

Strohhut statt Mitra

Bischof Pedro Casaldáliga
(Sao Félix do Araguaia, Brasilien)
lebt in einer bescheidenen Hütte
zusammen mit seinem
arm gemachten Volk.

Institut für Theologie und Politik (Hg.)

Originaltext Katakombenpakt

Das ITP hat den Text des Katakombenpaktes als Mini-Heft für die Hosentasche herausgegeben (Format 8x10 cm). Die zweite überarbeitete Auflage ist frisch erschienen und kann im ITP bestellt werden. Helfen Sie uns den katakombenpakt bekannt zu machen!

10 Stk = 3,00 € / 25 St. = 6,00 / 50 Stk. = 10,00 € (jeweils zzgl. Versandkosten)

Alberto da Silva Moreira / Michael Ramminger / Alfonso Maria Ligorio Soares (Hg.)

Der unterbrochene Frühling

Das Projekt des II. Vatikanums in der Sackgasse

Edition ITP-Kompass, Münster 2006

252 Seiten, 16,80 €

Kuno Füssel / Michael Ramminger (Hg.)

Zwischen Medellín und Paris

1968 und die Theologie

Luzern / Münster: Edition Exodus / Edition ITP-Kompass, 2009

260 Seiten, 23,00 €

zu beziehen über den Buchhandel oder über das
Institut für Theologie und Politik, Friedrich-Ebert-Str. 7, 48153 Münster,
www.itpol.de,
Tel.: 0251/524738, E-Mail: buecher@itpol.de

Peter Fendel / Benedikt Kern / Michael Ramminger (Hg.)

„Tun wir nicht so, als sei alles in Ordnung!“

Ein politisch-theologischer Kommentar zu Evangelii Gaudium

Edition ITP-Kompass, Münster 2014

172 Seiten, 12,80 €

José Porfirio Miranda

Der Kommunismus der Bibel

von José Porfirio Miranda: Der Kommunismus der Bibel

Dieses Buch und Manifest des ehemaligen Jesuiten und Philosophen Miranda gehörte in den 1970er Jahren zu den Basistexten der entstehenden Befreiungstheologie. Hier liegt es erstmals in deutscher Sprache vor.

Edition ITP-Kompass, Münster 2014

132 Seiten, 9,20 €

Franz J. Hinkelammert

Befreiung denken

Grenzgänge zwischen Kontinenten und Wissenschaften

Franz Hinkelammert ist Wirtschaftswissenschaftler und Theologe, Europäer und Lateinamerikaner, weil seit 1963 in Lateinamerika lebend. Mit diesem autobiographischen Buch liegt gewissermassen eine Einführung in sein Denken vor.

Luzern / Münster: Edition Exodus / Edition ITP-Kompass, 2011

168 Seiten, 12,80 €

zu beziehen über den Buchhandel oder über das

Institut für Theologie und Politik, Friedrich-Ebert-Str. 7, 48153 Münster, www.itpol.de,

Tel.: 0251/524738, E-Mail: buecher@itpol.de